ÉTUDE DES DIMENSIONS

DE LA

COLONNE TRAJANE

Au seul point de vue de la Métrologie

Par M. AURÈS,

INGÉNIEUR EN CHEF DES PONTS ET CHAUSSÉES,
MEMBRE DE L'ACADÉMIE DU GARD ET CORRESPONDANT DE LA SOCIÉTÉ
ARCHÉOLOGIQUE DE MONTPELLIER.

La colonne Trajane a *tout juste* 100 pieds romains.
    (*L'Histoire romaine à Rome*, par M. J.-J. AMPÈRE.)
Forum cum columna cochlide quæ est alta pedes cxxviii.
    (P. VICTORIS *De Regionibus urbis Romæ liber.* — Regio viii.)
Cujus columnæ altitudo in cxl pedes erigitur.
    (M. A. CASSIODORI *Chronicon.*)
Cujus altitudo cxl pedes habet.
    (EUTROPII *Breviarium historiæ romanæ.* — Liber viii.)
Cujus altitudo cxliv pedes habet.
    (ID. *Ibid.*, *suivant d'autres manuscrits.*)

NIMES

IMPRIMERIE CLAVEL-BALLIVET ET Cie

Rue Pradier, 12.

—

1863.

Extrait des *Mémoires de l'Académie du Gard.*

ÉTUDE DES DIMENSIONS

DE LA

COLONNE TRAJANE

Au seul point de vue de la Métrologie

Forum cum columna cochlide quæ est alta pedes cxxviii.

(P. Victoris, *de Regionibus Urbis Romæ liber*. — Regio viii.)

Cujus columnæ altitudo in cxl pedes erigitur.

(M. A. Cassiodori, *Chronicon*.)

CHAPITRE 1er. — EXPOSITION.

« La colonne Trajane a *tout juste* 100 pieds ro-
» mains. C'est un gigantesque étalon métrique. On
» s'en est servi pour déterminer, *avec précision*, le
» mille romain. »

Telles sont les affirmations auxquelles un savant
académicien, **M. J.-J.** Ampère, n'a pas craint d'ajouter, dans ces derniers temps, l'imposante autorité de
son nom, en les introduisant textuellement dans le remarquable travail historique publié, pour la première
fois et avec tant de succès, par la *Revue des Deux-
Mondes* (1).

(1) *L'Histoire Romaine à Rome*, par M. J.-J. Ampère, de l'Académie française. (*Revue des Deux-Mondes*, xxviie année, t. 8,
2e liv. Mars 1857, page 391.)

La vérité de ces assertions est d'ailleurs universellement admise, nous n'hésitons pas à le reconnaître, et cependant notre intention est d'établir qu'elles ne sont pas exactes.

L'étude patiente et détaillée des dimensions du monument peut seule permettre d'appuyer, sur une base certaine, le développement de la thèse que nous nous proposons de soutenir ; mais il arrive malheureusement que les diverses mesures rapportées par les auteurs ne s'accordent pas toujours entre elles, et que par conséquent il est indispensable de les soumettre, avant tout, à une critique sévère.

On peut même le dire d'une manière générale, c'est là un travail préliminaire qu'il est toujours prudent d'entreprendre, quand on se propose d'étudier sérieusement un monument antique, et il est encore permis d'ajouter, à cette occasion, que peu de personnes se rendent un compte suffisamment exact des difficultés de toute nature qu'un semblable travail présente.

Tout le monde sait pourtant qu'un texte imprimé est rarement irréprochable, et qu'autant il est aisé de reconnaître une faute typographique, lorsqu'elle porte sur un *mot* dont l'altération devient évidente à tous les yeux par cela seul qu'elle existe, autant il est difficile de la reconnaître lorsqu'elle porte sur un *nombre*, parce que, alors, rien ne la signale d'une manière particulière à l'attention des lecteurs, quelles que puissent être les modifications ou les transpositions des chiffres qui le composent.

Ainsi, par exemple, on remarque le passage suivant dans la description latine que Ciaconius a laissée de la colonne Trajane :

« *Constat tota hujus columnæ moles ex* XXXIII

» *marmoreis lapidibus stupendœ magnitudinis, ita ut*
» *basis ex* VIII , *ex singulari laurea corona superstans,*
» *ex* XXIII , *totidem gyri per intervalla in ipsamet co-*
» *lumna conspicui, ex uno capitulum, supremus ex*
» *altero* (1) *apex consurgat.* » (Interioris frontis co-
lumnœ descriptio , § 3) (2).

Et rien ne peut conduire à penser, en lisant ce passage, que les chiffres XXXIII et XXIII sont fautifs et doivent être effectivement remplacés par les chiffres XXVIII
et XVIII, en substituant un V à un X.

De là résulte pourtant, tout à la fois, et l'erreur de
J. Pierre Bellori, dont voici le texte italien :

» Tutta la colonna e composta *da 34 pezzi di marmo,*
» la base 8, il toro 1, *il fuso della colonna 23,* il capi-
» tello 1, il piedestallo 1 ; »

Et celle du savant abbé Barthélemy qui n'a pas craint
de répéter, à son tour, la même assertion, dans son mémoire sur les anciens monuments de Rome :

« *Le fust de la colonne,* nous dit-il, qui, dans sa par-
» tie inférieure, a dix à onze pieds de diamètre (3),

---

(1) Ciaconius se trompe en supposant ainsi l'acrotère formé
d'un seul bloc. La vérité est , au contraire , qu'il existe un joint
horizontal vers le milieu de sa hauteur et qu'il se trouve ainsi
composé de deux blocs.

(2) Extrait de l'ouvrage italien intitulée :

Colonna Trajana eretta dal senato e popolo Romano all'
Imperatore Trajano Augusto, nel suo Foro in Roma.... nova-
mente disegnata et intagliata da Pietro Santi Bartoli, con
l'espositione latina d'Alfonso Ciaccone, compendiata nella vul-
gare lingua.... da Gio. Pietro Bellori , con diligente cura
e spesa ridotta a perfettione, e data in luce, da Gio. Giacomo
de Rossi; dalle sue stampe, in Roma, alla Pace, con Privilegio
del S.Pontefice. (Sans date, avec une dédicace au roi Louis XIV.)

(3) Ce diamètre mesure en réalité 11 pieds 5 pouces du pied de
Paris, soit 3^m,70, ainsi qu'on le verra dans la suite de ce mémoire.

» *est formé de vingt-trois blocs de marbre* placés
» horizontalement l'un sur l'autre » (1).

Plus d'un siècle s'est écoulé depuis lors, et les mêmes
erreurs se répètent toujours ; car peu d'écrivains con-
sentent à prendre la peine de vérifier ce qu'ils trouvent
si commode de copier aveuglément ; aussi affirme-t-on
encore, dans une histoire récente de l'art monumental,
conformément au texte italien de J. Pierre Bellori, que
la colonne Trajane se compose de *trente-quatre* blocs
de marbre parfaitement cimentés ! (2)

La vérité est cependant qu'il n'y a que 17 blocs dans
la hauteur du fût de cette colonne, qu'il n'en faut compter ensuite qu'un seul pour la base comprenant le tore,
un seul pour le chapiteau et deux pour l'acrotère, ensemble 21 blocs monolithes, reposant sur le piédestal,
lequel comprend, à son tour, 4 assises composées
de 2 blocs chacune ; ce qui fait, en totalité, 25 assises et 29 blocs de marbre seulement dans l'ensemble
de la construction actuelle (3).

Il est facile de comprendre, en deuxième lieu, que
les fautes d'impression ne sont pas les seules contre
lesquelles il importe de se prémunir.

C'est ainsi notamment que nous avons constaté,
dans un précédent mémoire, une erreur de 1^m, 00 en
moins, commise par de Lagardette, sur la mesure de la
longueur du temple de Pæstum ; et de pareilles erreurs
doivent se reproduire certainement, dans une infinité
d'autres cas analogues.

(1) *Mémoires de l'Académie des Inscriptions et Belles-Lettres,*
tome XXVIII, page 587.

(2) Voyez *l'Histoire de l'Art monumental dans l'antiquité et au
moyen âge,* par L. Batissier. — Paris, 1845, page 264.

(3) V. ces détails sur les dessins placés à la suite de ce mémoire.

A un autre point de vue encore, Rondelet, voulant traduire, dans son *Traité de l'art de bâtir*, à propos de la colonne Trajane elle-même, une longueur de 6 palmes 11 doigts romains modernes en unités métriques françaises, présente cette longueur de $6^p 11^d$ (1) tantôt comme égale à $1^m,5442$ (2) et tantôt comme égale à $1^m,4911$ (3).

En dernier lieu enfin, si l'on ajoute à ces diverses causes d'erreur celles qui résultent quelquefois, et trop souvent peut-être, de l'inexactitude des ouvriers employés par les anciens constructeurs eux-mêmes, on pourra déjà se rendre un compte sommaire des nombreuses difficultés nécessairement inhérentes à la détermination des véritables dimensions d'un monument antique.

Il est vrai que les erreurs sont presque toujours évidentes, lorsqu'elles proviennent de la construction primitive ; mais elles n'en existent pas moins pour cela, et leur correction préalable n'en est pas moins toujours nécessaire, quand on veut opérer avec une grande exactitude.

Concevons, pour fixer les idées, un temple tétrastyle dans lequel les deux colonnes placées à droite et à gauche de l'entrée principale n'ont pas rigoureuse-

---

(1) Pour éviter la confusion, nous distinguerons toujours, tant sur nos dessins que dans le texte même de ce mémoire, les palmes romains *modernes* et les divisions de ces palmes en douze doigts, par les lettres p et d, et, au contraire, les pieds romains *antiques* et les divisions de ces pieds en douze onces, par les lettres P et O.

(2) *Traité théorique et pratique de l'Art de bâtir*, par Jean Rondelet, architecte, membre de l'Institut. Paris, 1838, tome 1er, page 342, note 11.

(3) Même traité, page 343, note 4.

ment le même diamètre, ou dont les entre-colonnements extrêmes ne sont pas rigoureusement égaux
entre eux, il sera surabondamment démontré, par
ce seul fait, que l'une au moins des deux dimensions données et peut-être que toutes les deux de-
meurent finalement inexactes ; de sorte que, si l'on
tient à connaître avec certitude le rapport établi par
les anciens architectes entre les diamètres des colonnes et les entre-colonnements, il est indispensable
de commencer par déterminer les véritables dimensions de ces diamètres et de ces entre-colonnements,
bien qu'il soit impossible de les déduire directement
des mesures données.

. Il en est encore de même, on le conçoit sans peine,
dans une foule d'autres cas ; et, pour établir d'une manière incontestable la vérité pratique de cette affirma-
tion, nous choisirons un dernier exemple sur le Parthénon lui-même, l'autorité d'un pareil exemple ne
pouvant être constestée par personne.

Peu de monuments sont connus aussi exactement
que celui-ci, surtout depuis les remarquables travaux
publiés par l'architecte anglais Penrose (1). Malgré
cela, l'examen le plus superficiel des dimensions que
cet architecte a fait connaître suffit pour établir non
seulement que les quatre angles du soubassement ne
sont pas situés dans un seul et même plan horizontal,
ce qui constitue une erreur d'exécution manifeste,
mais encore que l'angle sud-est s'élève de $47^{mm}, 8$ (2)
au dessus de l'angle nord-ouest, et que par consé-

(1) *Principes of Athenian Architecture, by Penrose, London.*
(2) En adoptant, pour le pied anglais, la valeur de $304^{mm},8$
donnée par l'*Annuaire du bureau des longitudes.*

quent une pareille erreur, de 5 centimètres environ, ne
peut pas être négligée, lorsqu'on veut entreprendre
l'étude détaillée des courbures que la surface du soubassement présente.

Plus particulièrement encore, le bombement de
l'arête saillante de la marche supérieure est donné, sur
la face nord du temple, par le profil suivant, déduit des
mesures de l'architecte anglais :

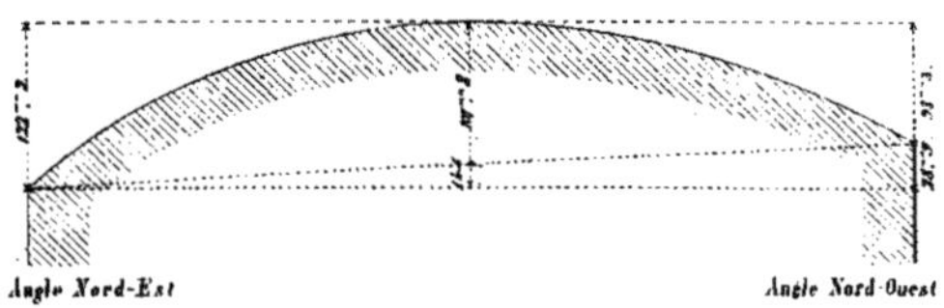

Et, bien que ce profil démontre que la véritable expression de la flèche doit se trouver comprise entre 122
et 93 millimètres, il est certain qu'il démontre aussi que
les mesures les plus rigoureuses, prises sur les monuments antiques, ne sont pas toujours capables d'exprimer directement, avec toute la précision désirable, les
dimensions réellement assignées aux diverses parties de
ces monuments par les anciens architectes eux-mêmes.

Des difficultés d'une autre nature, et cependant tout
aussi graves, se rencontrent également, quand on a
besoin de traduire, en mesures françaises, des dimensions exprimées dans un autre système métrique ; et en
particulier, dans le cas de la colonne Trajane, où il est
impossible de ne pas tenir un très-grand compte des
résultats obtenus par Piranèse, qui donne toutes ses
mesures en palmes et doigts romains modernes, il est
permis de dire qu'il ne suffit pas de connaître la valeur

légale du palme romain moderne, exprimée en fractions décimales du mètre, mais qu'il faut en outre, lorsqu'on veut opérer avec certitude, avoir les moyens de s'assurer si le palme dont Piranèse a fait usage était lui-même conforme à l'étalon officiel.

C'est pour avoir négligé cette précaution essentielle que Rondelet s'est constamment trompé, lorsqu'il a donné, dans son *Traité de l'art de bâtir*, les dimensions de la colonne Trajane, d'après les mesures de Piranèse, parce qu'il l'a fait en supposant que le palme dont cet architecte s'est servi avait 223^{mm}, 4 (1) seulement de longueur ; ce qui est une erreur complète, la vérité étant au contraire que ce palme avait effectivement 224^{mm},6, comme on va le voir dans un instant.

Rappelons auparavant que la valeur officielle du palme romain moderne correspond, s'il faut s'en rapporter à l'*Encyclopédie méthodique* (2), à 8 pouces 3 lignes 1/2 ; ce qui est la même chose que 224^{mm}, 6, en comptant, d'après l'*Annuaire du bureau des longitudes*, sur 324^{mm},84 pour la longueur exacte du pied de Paris.

Mais on peut, sans invoquer l'autorité de l'*Encyclopédie*, réfuter Rondelet d'une manière à la fois plus

---

(1) Rondelet n'indique pas d'après quelle autorité il attribue ainsi 223^{mm},4 seulement de longueur au palme romain moderne. Cependant comme il rappelle, dans son ouvrage, que La Condamine a trouvé, pour la hauteur de la colonne Trajane, 91 pieds 6 pouces 10 lignes du pied de Paris, soit 29^{m},745, et d'autre part, comme on verra bientôt que Piranèse assigne à cette même colonne une hauteur de 133^{p} 2^{d}, il nous parait extrêmement probable que c'est en divisant 29^{m},745 par 133^{p} 2^{d} que Rondelet a calculé la longueur qu'il assigne au palme, puisque en effet $\frac{29m.745}{133P,2d} = 223^{m},4$.

(2) Voyez l'*Encyclopédie méthodique* au mot *Palme*.

rigoureuse et plus directe, en déterminant *à priori* la valeur du palme réellement employé par Piranèse lui-même. Il suffit, en effet, pour obtenir ce résultat, de comparer les mesures rapportées par cet éminent artiste, en *palmes* et *doigts romains*, avec d'autres mesures prises directement *en mètres* sur LES MÊMES PARTIES du monument.

Nous nous sommes servi, pour établir cette comparaison, des mesures relevées, depuis peu, par un pensionnaire de l'école de Rome, M. J.-A. Léveil, et publiées récemment, dans l'*Encyclopédie d'Architecture*, sous la direction de M. Victor Caillat. (6e année, Feuilles nos 66, 67 et 68).

Ces mesures nous ont permis de dresser les trois tableaux suivants :

1º Dimensions horizontales rapportées sur les plans de M. Léveil. (Feuille nº 65)	Mesures prises par M. J.-A. Léveil et exprimées en unités métriques françaises.	Mesures rapportées par Piranèse en palmes et doigts romains modernes.
Largeur du premier vestibule............	$1^{\text{м}}$,30	5p, 10d,
Intervalle compris entre la deuxième porte et le premier palier...................	0, 63	2, 9, 3/4.
Longueur de la première rangée de marches, en y comprenant les deux paliers..	4, 00	17, 9,
Longueur des marches { dans le bas.....	0, 75	3, 4,
Longueur des marches { dans le haut....	0, 70	3, 2,
Ouverture de la porte de l'acrotère.......	0, 98	4, 4,
Ensemble............	$8_{\text{м}}$,36	37p, 2d, 3/4.

D'où l'on est en droit de conclure que le palme de Piranèse est égal à $\dfrac{8^{\text{м}},36}{37^{\text{p}}.\ 2^{\text{d}}.\ 3/4}$, c'est-à-dire à $0^{\text{м}},224^{\text{mm}},59$.

2° Dimensions verticales.

Hauteur de la première assise............	1ᴹ,365 (1)	6ᵖ. 0ᵈ. 1/4
Id. de la deuxième....................	1 ,710	7 . 7 . 1/4
Id. de la troisième.................	1 ,350	6 . 0 . 1/2
Hauteur de la corniche du piédestal et de l'assise placée au dessus, non compris la plinthe de la base de la colonne (2)........................	1 ,060	4 . 9 . 3/4
Hauteur du tore et du filet qui le surmonte.............................	0 ,997	4 . 4 . 2/3
Ensemble..........	6ᴹ,482	28ᵖ. 10ᵈ. 5/12

D'où l'on conclut encore, pour le palme de Piranèse : $\dfrac{6^{M},482}{28^{P}.\ 10^{d}.\ 5/12} = 0^{M},224^{mm},54.$

(1) Cette longueur de 1ᴹ,365 déduite de la feuille n° 66, en prenant la somme des deux nombres 0ᴹ,715 et 0ᴹ,650, est nécessairement exacte, parce qu'on trouve, tant sur cette feuille n° 66 que sur la feuille suivante n° 67 :

1° Pour la hauteur du piédestal mesuré jusqu'à l'angle saillant de la corniche................................		4ᵐ,835
2° Pour celle du dé...............	3ᵐ,06	
Et 3° enfin pour celle de la corniche.	0ᵐ,41	
Ensemble...........	3ᵐ,47	3ᵐ,47
ce qui réduit effectivement la hauteur de la 1ʳᵉ assise à		1ᵐ,365

ainsi que nous venons de le voir.

Cependant on trouve, sur la feuille n° 67, pour l'expression de cette même hauteur : 0ᵐ,340 + 1ᵐ,050, soit 1ᵐ,390, au lieu de 1ᵐ,365, et cette contradiction indique certainement une erreur.

Mais il est facile de voir, en étudiant les dessins de M. Léveil, que c'est la cote 1ᵐ,050 qui est fautive ; car elle représente la hauteur cumulée des deux parties rectangulaires du socle et par conséquent doit être égale, d'après M. Léveil lui-même, à 0ᵐ,650 + 0ᵐ,375, c'est-à-dire à 1ᵐ,025.

(2) On verra, dans la suite de ce mémoire, pourquoi nous

3ᵉ Dimensions horizontales rapportées sur l'élévation du piédestal.

(Figure nᵒ 67.)

Plus grande longueur de socle mesurée au niveau du sol......................	6ᴹ,23	27ᴾ, 8ᵈ, 1/5	
Côté du dé du piédestal.................	5, 48	24, 5, 1/2	
Ouverture de la porte du piédestal.......	1, 05	4, 8	
Ensemble.............	12ᴹ,76	56ᴾ, 9ᵈ, 7/10	

D'où l'on conclut, en dernier lieu, pour la longueur du palme de Piranèse : $\dfrac{12^{M},76}{56^{P}.\ 9^{d}.\ 7/10} = 0^{M},224^{mm},61$.

Et si l'on veut résumer maintenant ces trois résultats, pour trouver leur moyenne exacte, il suffit de prendre :

Dans le premier cas....................	8ᴹ,360 et 57ᴾ, 2ᵈ, 3/4	
Dans le deuxième.....................	6, 482 et 28, 10 5/12	
Et dans le troisième enfin..............	12, 760 et 56, 9, 7/10	
Ensemble..........	27ᴹ, 602 et 122ᴾ, 10ᵈ, 13/15	

De sorte que la valeur finale du palme romain de Piranèse devient alors égale à $\dfrac{27^{M},602}{122^{P}.\ 10^{d}.\ 13/15}$, c'est-à-dire à 0ᴹ,224ᵐᵐ,58.

Toutes nos affirmations précédentes se trouvent donc justifiées par ce seul résultat, et quoique la valeur ainsi calculée présente une différence de 1ᵐᵐ,2, par rapport à la valeur admise par Rondelet, ce qui porte à 0ᴹ,2046 la somme des erreurs commises par ce sa-

n'ajoutons pas à ces mesures les nombres donnés pour exprimer la hauteur de la plinthe.

vant architecte, sur la hauteur totale du monument, égale, d'après Piranèse, à 170P. 1/2, nous n'en conserverons pas moins, avec confiance, cette valeur de 224mm,6 pour servir à toutes les traductions que nous aurons à calculer dans la suite de ce travail; et dans le but de rendre ces traductions plus faciles pour nos lecteurs, nous mettons sous leurs yeux le tableau suivant :

Tableau servant à réduire les palmes et doigts romains modernes en nouvelles mesures françaises.

PALMES.	DOIGTS.	FRACTIONS DE DOIGTS
1 Palme $=$ 0M,224mm,6	1 Doigt $=$ 18mm,717	$\frac{1}{6} =$ 3mm,119
2P,........0, 449, 2	2d,..........37, 435	$\frac{1}{5}$ ... 3, 743
3P,........0, 673, 8	3d,..........56, 150	$\frac{1}{4}$ ... 4, 679
4P,........0, 898, 4	4d,..........74, 867	$\frac{1}{3}$ ... 6, 239
5P,........1, 123, 0	5d,..........93, 583	$\frac{2}{5}$ ... 7, 487
6P,........1, 347, 7	6d,........112, 300	$\frac{1}{2}$ ... 9, 358
7P,........1, 572, 2	7d,...... 131, 017	$\frac{3}{5}$ ...11, 230
8P,........1, 796, 8	8d,........149, 733	$\frac{2}{3}$ ...12, 478
9P,........2, 021, 4	9d,........168, 450	$\frac{3}{4}$ ...14, 037
10P,........2, 246, 0	10d,........187, 167	$\frac{4}{5}$ ...14, 973
11P,........2, 470, 6	11d,........205, 883	$\frac{5}{6}$ ...15, 597
12P,........2, 695, 2	12d,........224, 600	1d....18, 717

CHAP. 2. — ETUDE DES DIMENSIONS HORIZONTALES
DE LA COLONNE TRAJANE.

Les dimensions horizontales mesurées sur la façade extérieure du piédestal seront celles que nous déterminerons les premières.

En les étudiant, on trouve d'abord, pour le côté de la plinthe qui sert de base à la colonne :

D'après M. Léveil. . . . . $5^m,11$.

Et d'après Piranèse 22^r. 9^d. $1/2 = 5^m,1190$.

Expressions qui s'accordent entre elles, comme on le voit, avec une assez grande exactitude, et qui peuvent par conséquent se justifier, jusqu'à un certain point, l'une par l'autre.

Cependant elles diffèrent, en réalité, de $0^m,01$ environ et il semble nécessaire de chercher à faire disparaître, dès l'abord, cette première cause d'incertitude.

Or, pour obtenir ce résultat, il suffit de traduire les dimensions données en pieds et onces romains antiques; car il est incontestable que le côté de la plinthe d'une colonne aussi gigantesque que la colonne Trajane se trouvait autrefois exprimé sans fractions.

Si donc on avait les moyens de connaître, à priori et avec certitude, la valeur du pied antique réellement employé par l'architecte Apollodore, pendant la construction de cette colonne, rien ne serait plus facile que de déterminer rigoureusement le côté de la plinthe de sa base.

Malheureusement, et tout le monde le sait, le pied romain antique n'a pas toujours une valeur constante et sa longueur varie généralement de 295 à 297 millimètres. Une certaine hésitation peut donc être permise en ce moment. Mais il facile de voir, malgré cela,

que 17ᴾ. 4º correspondent à 5ᵐ,112, si l'on adopte ,
pour le pied romain antique, la valeur de 295ᵐᵐ, et
qu'au contraire 17ᴾ. 3º seulement sont égaux à 5ᵐ,123
si l'on préfère la valeur de 297ᵐᵐ, de telle sorte que,
malgré nos incertudes, il est dès à présent certain que
la plus grande valeur possible de la plinthe, exprimée
en mesures antiques , doit être égale à 17ᴾ. 4º, tandis
que sa plus petite valeur possible doit être fixée à 17ᴾ.
3º; et ce premier résultat, une fois admis, permet d'al-
ler plus loin encore et d'établir avec certitude , que
cette dernière expression de 17 ᴾ. 3º correspond seule
à la longueur réelle.

En effet, nous démontrerons, dans la suite de ce
mémoire : 1º que l'architecte de la colonne Trajane en
a réglé *toutes* les dimensions conformément à la loi
des proportions définies ;

2º Que la hauteur THÉORIQUE de cette colonne elle-
même doit être considérée comme égale à 100 ᴾ ;

Et 3º enfin que le diamètre de sa base est égal à la
huitième partie de cette hauteur théorique, c'est-à-dire
à 12 pieds et demi. ·

S'il en est ainsi, le côté de la plinthe est certainement réglé, conformément à la loi indiquée par Vitruve pour les colonnes Ioniques (1), c'est-à-dire en

---

<table>
<tr><td>

(1) **TEXTE DE VITRUVE.**
(Liv. ɪɪɪ, chap. 3.)

Sin autem Ionicæ erunt fa-
ciendæ , symmetriæ earum sic
erunt constituendæ uti latitudo
spiræ quoquoversus sit colum-
næ crassitudinis, adjecta|cras-
situdine quarta et octava.

</td><td>

TRADUCTION DE PERRAULT.

Les proportions de la base
Ionique doivent être telles que
sa largeur soit le diamètre de
la colonne , en y ajoutant le
quart et la huitième partie.

</td></tr>
</table>

ajoutant au diamètre inférieur de la colonne, le quart
plus la huitième partie de ce diamètre, puisque, en effet,
en comptant pour le diamètre........ 12P. 6º
on trouve, pour le quart............. 3P. 1º 1/2
et pour la huitième partie............ 1P. 6º 3/4

Ce qui donne, en totalité, pour le côté de
   la plinthe 17P. 2º 1/4

et comme il est nécessaire qu'une pareille longueur soit
exprimée pratiquement, ainsi que nous l'avons déjà
fait remarquer, en nombres entiers, il est clair qu'elle
doit être finalement égale à 17 P. 2º ou à 17P. 3º;
de sorte que nous devons hésiter, en dernière analyse,
d'une part entre 17P. 4º et 17P. 3º, et de l'autre entre
17P. 2º et 17P. 3º; d'où il est nécessaire de conclure
que cette dernière valeur de 17P. 3º est seule véritable. Nous dirons même, tout à l'heure, pourquoi on
l'a préférée à la valeur de 17P. 2º, quoique celle-ci eût
été, comme on vient de le voir, un peu plus rapprochée
de la valeur calculée suivant la règle exacte.

En attendant, puisque le côté de la plinthe de la
base de la colonne Trajane, exprimé en mesures romaines, est finalement égal à 17P. 3º, il nous semble
permis de dire que la longueur du pied romain, employé par les oonstructeurs de cette colonne, se rap-
proche plus de 297mm que de 295mm, et qu'ainsi une
valeur de 296mm est déjà très-approximative, quoique
probablement encore un peu faible, puisque, en l'admettant, une longueur de 17P. 3º correspond seulement à 5m,106 et reste ainsi inférieure aux deux longueurs données : 5m,11 et 5m,119.

Piranèse assigne, en second lieu, à la saillie de l'assise, qui supporte la plinthe, 10d. = 187m,2, et par

3

conséquent, si l'on ajoute au double de 10ᵈ, c'est-à-
dire à................ 1ᵖ . 8ᵈ,   = 0ᵐ,374ᵐᵐ,4
la longueur de la plinthe
égale à (1)............ 22ᵖ . 9ᵈ,1/2= 5ᵐ,119ᵐᵐ,0
on obtient pour la lon-
gueur totale de l'assise qui
supporte la plinthe...... 24ᵖ . 5ᵈ. 1/2 = 5ᵐ,493ᵐᵐ,4
et de son côté, M. Léveil
réduit cette longueur à.............. 5ᵐ,48

En troisième lieu, Piranèse fixe la saillie de la corniche du piédestal à 1ᵖ. 7ᵈ. 5/6 = 0ᵐ,371,2, d'où l'on
déduit la longueur totale de l'un des côtés de cette
corniche mesurée sur son extrémité la plus saillante,

---

(1) Cette cote de 22ᵖ 9ᵈ 1/2 peut être vérifiée de deux manières
différentes, à l'aide des mesures de Piranèse :

On peut la déduire, en effet :

1° Du diamètre de la colonne égal à............. 16ᵉ 4ᵈ 1/2
en ajoutant à ce diamètre les deux saillies suivantes :
saillie du filet ou orle sur la colonne..... 1ᵖ 2ᵈ
et saillie de la plinthe sur le filet......... 2ᵖ 0ᵖ 1/2

　　　En total................ 3ᵖ 2ᵈ 1/2

et pour les deux ensemble........................ 6ᵖ 5ᵈ

　　　Total général..................... 22ᵖ 9ᵈ 1/2

Et 2° de la longueur de l'assise qui supporte la plinthe, longueur que Piranèse trouve égale à.................. 24ᵖ 5ᵈ 1/2
en retranchant de cette longueur le double de la saillie
de cette assise sur la plinthe égale à 10ᵈ ; ce qui
donne pour les deux, ensemble.................... 1ᵖ 8ᵈ

et par conséquent pour la plinthe................. 22ᵖ 9ᵈ 1/2

On lit, malgré cela, sur un des dessins de Piranèse, mais on
n'y lit qu'une seule fois, 22ᵖ 10ᵈ 1/2, au lieu de 22ᵖ 9ᵈ 1/2. C'est sur
le plan du soubassement, pris entre le dessus de la plinthe et le
dessous du tore, que cette fausse cote se trouve rapportée. On ne
peut l'attribuer, selon nous, qu'à une erreur.

en ajoutant au double de 1ᴾ. 7ᵈ. 5/6, c'est-à-dire
à..................... 3ᴾ. 2ᵈ. 2/3 = 0ᵐ,742,4
la précédente longueur de 24ᴾ. 5ᵈ. 1/2 = 5ᵐ,493,4

Ensemble.. 27ᴾ. 9ᵈ. 1/6 = 6ᵐ,235,8
et cette dernière longueur est égale, d'après M. Léveil,
à................................... 6ᵐ,23.

Si l'on compare maintenant entre elles les dimensions qui viennent d'être assignées aux deux saillies
précédentes, savoir : 10ᵈ. = 187ᵐ,2 et 1ᴾ. 7ᵈ 5/6
= 371ᵐᵐ,2, on voit, au premier coup d'œil, que la
seconde est pratiquement double de la première ; et
d'un autre côté, comme dans l'hypothèse d'une longueur de 296ᵐᵐ assignée au pied romain, on
trouve :

7° 1/2 = 185ᵐᵐ, au lieu de 187ᵐᵐ,2
et 1ᴾ. 3° = 370ᵐᵐ, au lieu de 371ᵐᵐ,2 ;

comme d'ailleurs, ainsi que nous l'avons déjà fait remarquer, cette valeur de 296ᵐᵐ doit être elle-même
un peu faible, quand il s'agit de la colonne Trajane,
il est facile de comprendre que ces expressions de
7° 1/2 et de 1ᴾ. 3° ou 15° correspondent réellement
aux véritables longueurs rapportées en mesures antiques.

Ainsi, en définitive, on trouve :

1° Pour le côté de la plinthe de la base de la colonne............................. 17ᴾ. 3°.

2° Pour le côté de l'assise qui supporte cette plinthe, ou, ce qui est la même chose, pour le côté du dé
du piédestal : 17 ᴾ. 3° plus 2 fois 7°1/2, soit 18ᴾ.6°.

3° Pour le côté de la corniche mesurée sur son angle saillant, ou, ce qui est encore la même chose, pour
le côté de la base du piédestal mesuré sur sa plus

grande dimension, au niveau du sol : 18 P. 6º plus
deux fois 1P. 3º, soit. .... 21 P.

Et ce dernier résultat suffit déjà pour indiquer dans
quel but on a préféré l'expression de 17 P. 3º à l'expression plus rigoureuse de 17 P. 2º, quand on a réglé la
longueur de la plinthe; car cette dernière expression
aurait donné, pour le grand côté de la base du piédestal, 20P. 11º seulement, au lieu de 21P.

Il suffit d'ailleurs, pour compléter cette explication,
de rappeler toutes les vertus que les anciens philosophes attribuaient aux nombres impairs et plus spécialement encore aux nombres 3 et 7 ; et l'on comprendra beaucoup mieux alors pourquoi l'architecte
Apollodore a tenu à donner à la base de son monument une longueur exacte de 21P. (3 fois 7).

Nous avons dit tout à l'heure que cette longueur
correspondait tantôt, d'après les mesures de Piranèse, à .... 27P. 9d 1/6 = 6m,2358
tantôt, d'après celles de M. Léveil, à 6m,23
et il est nécessaire de faire observer maintenant que
Piranèse lui-même donne, pour cette longueur, une
autre expression sensiblement différente. C'est lorsqu'il fait connaître la division de l'assise inférieure du
piédestal, en deux parties, par un plan parallèle à la
façade principale. (Voyez le plan pris immédiatement
au dessus du socle du piédestal.)

Piranèse indique, en effet, alors :
pour la longueur de la partie
antérieure.............. 15P. 1d. 1/5 = 3m391,5
et pour celle de la partie postérieure................ 12P. 7d.   = 2m,826,2

Ensemble............ 27P. 8d 1/5 = 6m,217,7
Au lieu de............ 27P. 9d 1/6 = 6m,235,8
Différence....... 0d 29/30 = 0m,018,1

Cette excellente habitude de Piranèse de donner ainsi , sans altération, toutes les cotes qu'il relève, malgré les légères contradictions apparentes qui en résultent de temps en temps, doit être louée ici sans réserve. C'est la meilleure preuve de la scrupuleuse fidélité de cet auteur.

Tous les constructeurs savent, en effet, combien il est difficile d'exécuter pratiquement un angle rigoureusement droit. Ils savent par conséquent qu'il est à peu près impossible de réunir quatre angles véritablement droits sur une même figure quadrangulaire, et à plus forte raison encore qu'un carré parfait, ayant tous ses angles droits et tous ses côtés égaux, n'existe jamais pratiquement, surtout quand on opère sur de très-grandes dimensions.

Il n'est donc pas extraordinaire de voir que Piranèse trouve, comme nous venons de le faire remarquer, tantôt 6^m,2358 et tantôt 6^m,2177 sur les côtés d'un même carré, et comme il nous est impossible de savoir, en ce moment, quelle est la plus exacte de ces deux mesures, nous nous contenterons d'en prendre la valeur moyenne, qui est égale à 6^m,2267 ; ce qui nous permet de résumer, dans le tableau suivant, les résultats obtenus jusqu'ici.

INDICATIONS.	LONGUEURS EXPRIMÉES		
	En mesures romaines antiques.	En nouvelles mesures françaises,	
		d'après Piranèse.	d'après M. Léveil.
Côté de la plinthe de la base de la colonne..........	17^P. 3°	5^M 1190	5^M,11
Côté du dé du piédestal....	18^P. 6°	5^M,4934	5^M,48
Grand côté du socle mesuré au niveau du sol........	21^P.	6^M,2267	6^M,23

Et l'on voit, à la seule inspection de ce tableau, que la longueur de 5m,4934 assignée par Piranèse au côté du dé du piédestal est, sans aucun doute, un peu trop forte et devrait subir une légère correction, analogue à celle que nous venons d'introduire dans l'expression de la longueur du socle.

Cette assertion devient surtout évidente quand on cherche à déterminer, parmi les diverses expressions du pied romain antique comprises entre 296 et 297mm, celle qui s'accorde le mieux avec les six nombres précédents.

Une longueur de 296mm,3 nous a paru satisfaire très-convenablement à cette condition, puisqu'elle donne :

$$17^{\text{P}}.\ 3^{\text{o}} = 5^{\text{m}},1112$$
$$18^{\text{P}}.\ 6^{\text{o}} = 5^{\text{m}},4816$$
$$\text{et } 21^{\text{P}}.\quad = 5^{\text{m}},2223$$

Elle suffit, dans tous les cas, pour établir un accord fort remarquable entre les diverses mesures données et nous adopterons, en conséquence, cette valeur de 296mm,3 pour tout le reste de ce travail : nous le ferons même avec d'autant plus de confiance que c'est là précisément la mesure que M. Vasquez Queipo considère, dans son savant ouvrage (1), comme la plus exacte de toutes les expressions connues du pied romain antique.

Ajoutons encore que si, pour plus de précision, on pouvait trouver nécessaire de modifier cette quantité de 1 ou 2 dixièmes de millimètres en plus ou en moins

______

(1) *Essai sur les systèmes métriques et monétaires des anciens peuples*, par don V. Vasquez Queipo. — Paris, chez Dalmond et Dunod, 1859.

ce serait tout à fait sans importance, dans la discussion actuelle ; puisqu'une pareille modification n'introduirait qu'une variation de 1 ou 2 centimètres dans la hauteur totale de la colonne supposée égale, comme nous l'avons déjà dit, à 100ᵖ.

On peut donc admettre sans hésitation pour tous les calculs relatifs à la colonne Trajane, les résultats consignés dans le tableau suivant :

Tableau servant à réduire les pieds et onces romains antiques en nouvelles mesures françaises.

PIEDS.	ONCES.	FRACTIONS D'ONCE OU SCRUPULES.
1 Pied $=$ 0ᴍ,296ᵐᵐ,3	1 once $=$ 24ᵐᵐ,6917	1/12 $=$ 2 $=$ 2ᵐᵐ,0576
2ᵖ........0, 592, 6	2° 49, 3833	1/6....4.... 4, 1153
3ᵖ........0, 888, 9	3° 74, 0750	1/4....6.... 6, 1729
4ᵖ........1, 185, 2	4°........98, 7667	1/3....8.... 8, 2306
5ᵖ........1, 481, 5	5°........123, 4583	5/12...10.. 10, 2882
6ᵖ........1, 777, 8	6°........148, 1500	1/2....12.. 12, 3458
7ᵖ........2, 074, 1	7°........172, 8417	7/12...14.. 14, 4035
8ᵖ........2, 370, 4	8°........197, 5333	2/3....16.. 16, 4611
9ᵖ........2, 666, 7	9°........222, 2250	3/4....18.. 18, 5188
10ᵖ........2, 963, 0	10°........246, 9167	5/6....20.. 20, 5764
11ᵖ........3, 259, 3	11°........271, 6083	11/12..22.. 22, 6341
12ᵖ........3, 555, 6	12°........296, 3000	1° ....24.. 24, 6917

Etudions maintenant les dimensions horizontales de la colonne proprement dite.

Piranèse donne pour le plus pétit diamètre mesuré au dessous des cannelures supérieures..... 14ᵉ 4ᵈ = 3ᵐ,2193, soit 10ᵖ 10ᵉ = 3ᵐ,2100

pour la saillie totale du tailloir du chapiteau. 2ᵖ 5ᵈ 1|2 = 0ᵐ,5521, soit 1ᵖ 10ᵉ 1|2 = 0ᵐ,5555

pour l'autre saillie semblable .... 2ᵖ 5ᵈ 1|2 = 0ᵐ,5521, soit 1ᵖ 10ᵉ 1|2 = 0ᵐ,5555

et par conséquent pour le côté du tailloir.............. 19ᵖ 3ᵈ = 4ᵐ,3235, soit 14ᵖ 7ᵉ = 4ᵐ,3210

Et M. Léveil, à son tour, détermine les mêmes longueurs de la manière suivante, savoir :

pour le diamètre....... 3ᵐ,223 ⎫
pour une saillie........ 0, 558 ⎬ Ensemble 4ᵐ,339
pour l'autre semblable.. 0, 558 ⎭

Il y a donc encore ici un accord assez remarquable entre ces deux séries de mesures. Cependant M. Léveil a écrit, sur le tailloir de son élévation (Feuille n° 68 de la publication de M. Victor Caillat) 4ᵐ,263 au lieu de 4ᵐ,339 ; mais nous croyons nécessaire de faire observer qu'il s'est étrangement trompé, en agissant de la sorte ; car s'il avait eu soin d'ajouter, comme il le fallait et comme nous venons de le faire, au diamètre de la colonne *mesuré sur sa plus petite dimension* AU DESSOUS DES CANNELURES (3ᵐ,223), la double saillie du tailloir *prise par rapport à l'extrémité* DU MÊME DIAMÈTRE (2 × 0ᵐ,558), il aurait nécessairement trouvé, avec nous, 4ᵐ,339. Au contraire, il s'est contenté d'ajouter, par suite d'une distraction évidente, la double saillie prise AU DESSUS DES CANNELURES, laquelle est, d'après M. Léveil lui-même, de 0ᵐ,52 seulement (Voyez son profil détaillé du chapiteau qui est gravé, dans la publication de M. Victor Caillat, sur la même feuille que l'élévation de la colonne) ; et c'est ainsi qu'il a obtenu, pour le tailloir : 3^m,223 plus 2 fois 0^m,52, soit 4^m,263 ; ce qui est, de sa part, une erreur manifeste, dont nous ne pouvons ni ne devons tenir ici aucun compte.

Reste à déterminer maintenant le diamètre inférieur de la colonne.

Piranèse donne, pour cette dimension mesurée à la hauteur du cinquième joint horizontal, ou en d'autres termes, à la hauteur du joint qui est situé immédiatement au-dessus de la base de la colonne : 16^P. 4^d 1/2. $=$ 3^m,6778, soit 12^P. 5$^°$ $=$ 3^m,6791 et de son côté, M. Léveil trouve, pour le même diamètre . . . . 3^m,715 dimension qui est, comme on le voit, un peu supérieure à 12^P. 6$^°$ $=$ . . . . : . . . . 3^m,7038 et par conséquent qui s'éloigne très-sensiblement de la mesure précédente. Il est vrai que c'est en prenant le diamètre de la colonne, au niveau même de sa base, que le résultat de M. Léveil a été obtenu, et qu'ainsi il était impossible de trouver un accord parfait entre les deux mesures données. Dès lors, il semble moins difficile de comprendre leur différence et de parvenir ainsi à déterminer la véritable expression cherchée.

Remarquons, d'abord, qu'en mesurant la saillie du filet ou orle qui couronne la base de la colonne, et en prenant cette saillie par rappport à l'extrémité du diamètre précédent, Piranèse assigne à cette longueur 1^P. 2^d $=$ 0^m,262^{mm},0, soit 10$^°$ 1/2 $=$ 0^m,259^{mm},25, de sorte qu'en ajoutant le double de cette saillie dont la longueur est de 2P. 4d. = 0m,5240, soit 1P. 9o = 0m,5185, à la longueur du diamètre qui est, comme nous l'avons déjà dit, de 16P. 4d 1/2 = 3m,6778, soit 12P. 5o = 3m,6791, on obtient, pour le diamètre mesuré sur l'orle lui-même, 18P. 8d 1/2 = 4m,2018, soit 14P. 2o = 4m,1976; d'où il résulte qu'on trouve, sans aucune discussion possible :

Pour la longueur du tailloir du chapiteau..   14P. 7o
Pour le diamètre supérieur de la colonne..   10P. 10o
Et pour le diamètre mesuré sur l'orle de la

base.................................   14d. 2o

tandis qu'il semble permis d'hésiter, entre deux expressions différentes, pour la détermination du diamètre inférieur de la colonne qui, d'après M. Léveil, doit être supérieur à 12P. 6o de 0m,01 environ et qui, au contraire, d'après Piranèse, doit être inférieur à cette même quantité d'environ 1o, bien que sa longueur excède nécessairement 12P, 5o à cause de l'obligation où l'on est de tenir compte de l'inclinaison des génératrices de la colonne, depuis le diamètre mesuré au niveau du cinquième joint horizontal jusqu'au diamètre inférieur lui-même.

Les divers nombres que nous venons de rapporter : 14P. 7o, 10P 10o., 14P. 2o et 14P. 6o, se présentent, pour nous, sous une forme qui n'est pas usuelle, car on ne compte plus, depuis longtemps, par douzaines, et il résulte de là qu'il est difficile de saisir, au premier coup d'œil, les rapports de ces nombres ; mais cette difficulté disparaît dès qu'on traduit les pieds en onces ; car alors on constate que

$$14^P \quad 7^o = 175^o$$
$$10^P \quad 10^o = 130^o$$
$$14^P \quad 2^o = 170^o$$
$$12^P \quad 6^o = 150^o$$

Or, sous cette nouvelle forme, on reconnaît sans peine non seulement que le dernier des nombres précédents est une moyenne exacte entre le second et le troisième $\left(\frac{130 + 170}{2} = 150 \right)$, mais encore et surtout que, si les nombres donnés ont d'abord paru compliqués, c'est uniquement parce qu'ils étaient écrits suivant le système duodécimal, bien qu'appartenant à une série décimale ; et c'est là précisément ce qui fait qu'aussitôt qu'ils ont été exprimés suivant le système décimal ordinaire, cette seule expression a suffi pour montrer la grande simplicité des rapports qu'ils présentent entre eux et pour faire reconnaître ainsi que le diamètre inférieur de la colonne, mesuré au niveau réel de la base, ne peut avoir, en définitive, ni 12 pieds 5 onces (149 onces) plus une fraction, comme les mesures de Piranèse tendraient à le faire croire, ni 12 pieds 6 onces (150 onces) plus une fraction, comme celles de M. Léveil sembleraient l'indiquer, mais que ce diamètre doit être réglé, au contraire, ainsi que nous l'avons déjà dit en commençant, à 12^P 6° de longueur (12^P 6° = 3^m,7038).

Il est d'ailleurs facile de confirmer cette conclusion de plusieurs manières différentes.

En premier lieu, il convient de rappeler que M. Léonce Raynaud assigne précisément cette longueur de 3^m,70 au diamètre inférieur de la colonne Trajane (1).

Rondelet déclare à la vérité, dans son *Traité théorique et pratique de l'art de bâtir* (2), avoir mesuré

(1) Voyez son *Traité d'architecture*, 2me partie, pag. 326.
(2) Tome II, pag. 27.

lui-même, en 1784, ce diamètre et n'avoir trouvé pour son expression que 11 pieds 2 pouces de Paris, soit $3^m,6274$; mais une pareille mesure nous semble évidemment fautive, non seulement parce qu'elle est exprimée par un nombre rond de pouces français, mais encore et surtout parce qu'elle est inférieure de $0^m,052$ à celle que Piranèse rapporte et de $0^m,088$ à celle que M. Léveil préfère. Il importe de faire remarquer aussi que Rondelet, qui ne voulait attribuer à la longueur de ce diamètre que 12 pieds romains seulement, avait grand intérêt à le réduire le plus possible, afin de conserver ainsi une certaine vraisemblance à son hypothèse. S'il n'en avait pas altéré la longueur, qui est en réalité de $3^m,70$, ainsi qu'on vient de le voir, le douzième de cette longueur aurait porté le pied romain à $0^m,309$, et personne n'aurait consenti à admettre une expression pareille.

Il est aisé de voir, en second lieu, que le diamètre inférieur, réglé à 12^P $6°$, se trouve correspondre rigoureusement au huitième de la hauteur *théorique* de la colonne, si cette hauteur est effectivement égale à 100^P $\left(\frac{100^P}{8} = 12^P\ 6° \right)$; et, en troisième lieu enfin, qu'une ligne verticale, passant par l'extrémité du diamètre supérieur de la colonne, vient tomber exactement à $10°$ de distance de l'extrémité du diamètre inférieur, tandis que la saillie de l'orle sur ce dernier diamètre est précisément égale à cette même longueur de $10°$. *(Voyez l'élévation jointe à ce mémoire.)*

Mais le fait le plus important à consigner ici est, sans contredit, celui qui résulte du rapport établi entre les deux diamètres de la colonne, dont les dimensions sont évidemment déterminées, suivant la régle indiquée dans le chapitre 2 du IIIe livre de Vitruve (1).

En effet, le résultat doit toujours être le même, soit qu'on divise le diamètre de la base en sept parties et demie, comme Vitruve le recommande, pour en donner six et demie au diamètre du sommet, soit qu'on divise, au contraire, le premier de ces diamètres en 15 parties, pour en donner 13 au second, soit enfin

<table>
<tr><td>

(1) **TEXTE DE VITRUVE.**
(Liv. III , chap. 2.)

Contracturæ autem in summis columnarum hypotracheliis ita faciendæ videntur, uti, si columna sit ab minimo ad pedes quinosdenos, ima crassitudo dividatur in partes sex, et earum partium quinque summa constituatur. Item quæ erit ab quindecim pedibus ad pedes viginti , scapus imus in partes sex et semissem dividatur , ex earumque partium quinque et semisse superior crassitudo columnæ fiat. Item quæ erunt à pedibus viginti ad pedes triginta, scapus imus dividatur in partes septem, earumque sex summa contractura perficiatur.

Quæ autem ab triginta pedibus ad quadraginta alta erit , ima crassitudo dividatur in partes septem et dimidiam, ex his sex et dimidiam in summo habeat, contracturæ ratione.

</td><td>

TRADUCTION DE PERRAULT.

Vers le haut des colonnes qui est comme leur col, il faut faire aussi une diminution, en telle sorte que, si les colonnes sont longues de quinze pieds, on divisera le diamètre d'en bas en six parties, afin d'en donner cinq au haut; de même qu'en celle qui sera de quinze à vingt pieds, le bas de la tige sera divisé en six et demi, afin d'en donner cinq et demi au haut; et aussi celle qui aura de vingt à trente pieds, le bas de la tige sera divisé en sept, afin que le haut soit diminué jusqu'à six.

Mais en celle qui sera haute depuis trente jusqu'à quarante pieds, le bas sera divisé en sept et demi, pour en donner six et demi au haut.

</td></tr>
</table>

qu'on donne à la base 150°, comme dans le cas actuel, pour en donner 130 au sommet.

Ajoutons cependant que cette division elle-même du diamètre de la base, en 15 parties égales, ne paraît pas suffisante, puisque, dans ce système, le rayon *servant de module* ne peut pas être exprimé par un nombre entier de divisions; d'où il faut conclure que le diamètre de la base, au lieu d'avoir été fractionné en 15 parties seulement, de 10 onces chacune, doit contenir en réalité 30 parties au moins de 5 onces; et, en admettant cette dernière division, on trouve :

Pour le rayon inférieur servant de module....... 6ᴾ 3° $=$ 75° ou 15 parties.

Pour le rayon supérieur.. 5ᴾ 5° $=$ 65° ou 13 parties.

Pour le rayon correspondant à l'orle de la base. 7ᴾ 1° $=$ 85° ou 17 parties.

Pour la saillie de l'orle sur le rayon inférieur, et, ce qui est la même chose, pour le fruit de la colonne........ 10° ou 2 parties.

Pour le diamètre supérieur 10ᴾ 10° $=$ 130° ou 26 parties.

Pour le diamètre inférieur. 12ᴾ 6° $=$ 150° ou 30 parties.

Pour le diamètre de l'orle. 14ᴾ 2° $=$ 170° ou 34 parties.

Pour le côté du tailloir... 14ᴾ 7° $=$ 175° ou 35 parties.

Pour la différence entre les longueurs du tailloir et du diamètre supérieur de la colonne.......... 3ᴾ 9° $=$ 45° ou 9 parties.

Et, par conséquent enfin, pour la moitié de cette différence, c'est-à-dire pour la saillie du tailloir sur le diamètre supérieur de la colonne... 1ᴾ 10° 1/2 $=$ 22° 1/2 ou 4 parties 1/2

La forme fractionnaire de cette dernière expression conduit même à penser, dès ce moment, que la division du module en 15 parties égales est, à son tour, insuffisante, dans le cas actuel, et qu'on s'approchera davantage de la vérité en admettant une division effective du module en 30 parties égales de 2° 1/2, soit 0m,0617 chacune. Nous démontrerons même plus tard que c'est en effet à cette dernière hypothèse qu'il y a lieu de s'arrêter en définitive.

Cependant le diamètre du chapiteau, mesuré dans sa partie inférieure, au dessus des cannelures, n'a pas été réglé en fonction de cette division, car il est égal, d'après les mesures de notre auteur, à 14p 8d 1/2 = 3m,3034, ce qui donne, en unités romaines, 11P 1° 1/2=3m,2964.

Cette même longueur, mesurée sur le 22e joint horizontal, au milieu des cannelures, immédiatement au dessous du chapiteau, et entre les angles saillants de deux cannelures opposées, comprend :

Pour l'épaisseur de la muraille et pour l'escalier ensemble.............	5p 5d 1|4 = 1m,2212, soit	4p 1° 1|4 =1m,2161
Pour le noyau plein de la colonne.....	3p10d =0m,8610, soit	2r 11° =0m,8624
Pour la répétition des deux premières parties,.............	5p 5d 1|4 = 1m,2212, soit	4p 1° 1|4 =1m,2161
En total comme ci-dessus...	14p 8d 1|2 = 3m,3034, soit 11p	1° 1|2 =3m,2964

Mais cette grosseur du noyau de la colonne, ainsi fixée à 2P 11°, c'est-à-dire à 35°, ne reste pas constante et augmente, au contraire, comme les diamètres de la colonne elle-même, depuis le sommet jusqu'à la base. C'est pour cela que les mesures de Piranèse assignent à ce noyau, à la hauteur du cinquième joint .... 4p 9d 1/2 soit 1m,0762 ou, en d'autres termes, en mesures romaines........ 3P 7° 1/2 = 1m,0741

et ce nouveau document permet de déterminer avec
exactitude le fruit de cette partie de la construction ;
car si l'on trouve, pour la grosseur du noyau de la colonne, mesurée sur le 5e joint, 3^P 7° $1/2$
et, pour la grosseur du même
noyau, mesurée sur le 22e.. 2^P 11° seulement,
comme la différence entre ces
deux grosseurs, égale à..... 8° $1/2$, correspond

à un nombre d'assises qui est lui-même égal à 22
moins 5, c'est-à-dire à 17, il est clair que cette diminution correspond finalement à une demi-once, soit
$12^{mm},3$ pour chaque assise. De telle sorte que les
divers diamètres du noyau intérieur doivent être
réglés, dans toute la hauteur de la colonne, de la
manière indiquée sur le dessin joint à ce mémoire ; ce
qui revient à dire qu'il faut assigner 3^P 8° à celui que
l'on observe dans la partie la plus basse, sur le quatrième joint, entre la plinthe et le tore, et 2^P 10° seulement à celui que l'on observe, dans la partie supérieure, sur le vingt-quatrième joint, au milieu même
de l'acrotère ; et la simplicité de ce résultat n'a rien
qui puisse surprendre, car elle était nécessaire pour
faciliter aux ouvriers l'exécution pratique du monument, en fournissant les moyens d'exprimer aisément,
en unités métriques romaines, tous les rayons qui
devaient être tracés sur les surfaces, tant supérieures
qu'inférieures, des divers tambours de la colonne. Il
y a même plus encore, car il faut indispensablement
que des résultats analogues se produisent, de la même
manière, pour déterminer le parement intérieur et le
parement extérieur de la muraille conique.

Nous établirons, lorsque le moment sera venu de

discuter en détail les dimensions verticales, que le diamètre supérieur de la colonne égal, comme on l'a déjà vu, à 10^P 10°, c'est-à-dire à 130°, se trouve placé à 5° seulement au dessous du vingt-deuxième joint, et que le diamètre inférieur se trouve, de son côté, à 1^P 11°, soit 23°, au dessous du cinquième joint, de sorte que la hauteur totale du fût de la colonne correspond à 17 assises plus 18°; et, comme la différence entre le diamètre supérieur et le diamètre inférieur est égale, ainsi que nous l'avons déjà constaté, à 20°, il en résulte que la diminution des diamètres correspond à 1° 2/12 (1) par assise; ce qui donne, pour les 17

(1) L'once du pied était divisée, dans le système métrique romain, en 24 scrupules, et cette division, qui n'a jamais été poussée plus loin, correspondait, à très peu près, à notre division en millimètres (1 scrupule est égal à 1^{mm},025).

Mais elle n'était pas seule en usage. Les autres divisions connues de l'once romaine antique, qui portent les noms suivants : *sextules, siliques, duelles* et *semonces*, correspondaient, savoir :

Les sextules à 1/6e d'once.

Les siliques à 1/4.

Les duelles à 1/3.

Et les semonces à 1/2.

Il est extrémement probable que l'on employait ces divisions plus souvent encore que la division en scrupules, et qu'enfin les divisions en 8 et en 12 parties égales devaient être employées elles-mêmes, dans un grand nombre de cas, de préférence à la division en 24 parties.

C'est la division de l'once en 12 parties qui correspond à notre division du pouce en 12 lignes, et néanmoins nous n'avons trouvé nulle part une dénomination latine correspondant à ce ractionnement de l'once; de sorte que les Romains devaient nécessairement écrire, lorsqu'ils se contentaient de diviser l'once en 12 parties égales : *deux scrupules*, au lieu de *une ligne* ou de *un douzième d'once*.

assises, 19º 10/12, les 2/12 manquant ne pouvant correspondre, à leur tour, qu'aux 18• qui forment le complément de la hauteur de la colonne.

Les différents diamètres doivent donc être calculés de la manière indiquée sur notre dessin, c'est-à-dire en ajoutant successivement 1º 2' à chaque assise, depuis le sommet jusqu'à la base, ou en d'autres termes, en augmentant chaque rayon de 7'. Toutefois cette augmentation doit être un peu moindre pour la vingt-deuxième assise, puisque le diamètre de 10ᴾ 10º se trouve placé un peu au dessous du plan supérieur de cette assise; il conviendra donc, dans ce cas particulier, de réduire l'augmentation à 6' pour le rayon de la colonne, c'est-à-dire à 1º pour le diamètre entier.

De cette façon, le diamètre de la colonne restera fixé, sur le vingt et unième joint, à 10ᴾ 11º, et par suite s'élèvera, sur le cinquième joint, à 12ᴾ 5º 8'; ce qui laisse finalement une dernière augmentation de 4' pour correspondre à la hauteur, égale à 1ᴾ 11º, qui

Il n'en est pas moins certain que l'architecte de la colonne Trajane n'a jamais eu besoin d'employer la division en 24 scrupules, pour déterminer les divers rayons de cette colonne et qu'il a pu se contenter de les exprimer tous en douzièmes d'once.

Dès lors, il nous a paru trop compliqué et par conséquent complètement inutile d'adopter nous-même, dans la suite de ce travail, la division en scrupules ; et, à défaut d'un nom convenable, que nous n'avons pas voulu inventer, pour désigner les douzièmes d'once, nous nous sommes contenté d'indiquer cette division, tant sur nos dessins que sur le présent mémoire, par la notation : ('). Ajoutons que le douzième d'once représenté par cette notation est égal à 2ᵐᵐ,05 et correspond, par conséquent, à une longueur très-appréciable dans la pratique.

reste comprise entre ce cinquième joint et le diamètre
de la base.

Et maintenant, puisque les rayons du noyau de la
colonne augmentent de 1/4 d'once, soit de 3' par assise,
tandis que les rayons de la surface extérieure augmentent, de leur côté, de 7', et puisque, par conséquent,
la partie qui correspond à la muraille et à l'escalier,
considérés ensemble, augmente elle-même de 4', il
semble permis de dire, dès à présent, que l'épaisseur
de la muraille doit augmenter de 3', de chaque côté,
comme le rayon du noyau de la colonne, dans la hauteur de chaque assise, et qu'en dernier lieu enfin, les
marches doivent augmenter de 1' seulement, dans la
même hauteur. Mais cette conclusion ne résulte pas
uniquement des considérations théoriques que nous
venons d'exposer ; car les mesures directes rapportées
par Piranèse conduisent aussi au même résultat.

En effet, la longueur des marches est fixée par cet
auteur, dans le bas de la colonne, à $3^p\ 4^d = 0^m,7486$
et dans la partie supérieure, à $3^p\ 2^d = 0^m,7112$, ce
qui donne, entre les deux extrémités, une différence
de $2^d = 37^{mm},4$, et par conséquent aussi une différence
de $1^o\ 1/2 = 37^{mm},0$.

Or, il existe 18 assises depuis le bas de la colonne,
pris sur le cinquième joint, jusqu'au sommet de la
plate-forme qui correspond au vingt-troisième, par
conséquent la variation des marches est bien réellement de $1^o\ 1/2$ pour 18 assises, soit, comme nous
venons de le dire, de 1' par assise, ce qui correspond à
1/96 d'once seulement, soit $0^{mm},25$ d'une marche à
l'autre, parce qu'il y a toujours 8 marches dans la hauteur de chaque assise.

Toutefois, il n'a jamais été nécessaire, on le comprend sans peine, de mesurer sur le marbre cette faible dimension de 1/96 d'once, ou, ce qui est. la même chose, de 25 centièmes de millimètre; mais, pour rendre compte de ce détail, il faudrait accompagner nos explications de figures que la publication actuelle ne comporte pas et nous nous trouvons ainsi dans l'obligation de le passer sous silence.

Contentons-nous donc, pour achever l'étude des dimensions horizontales, de traduire en unités romaines antiques les principales mesures de l'acrotère que Piranèse fait connaître de la manière suivante :

Diamètre du socle..... 13^p 10^d 1/2 $=$ 3^m,1163,
soit.... 10^p 6° $=$ 3^m,1112.
Diamètre de l'acrotère. 13^p 0^d 1/2 $=$ 2^m,9291,
soit.... 9^p 10° 1/2 $=$ 2^m,9259.
Différence ou double saillie du socle sur l'acrotère :
10^d $=$ 187^{mm},2, soit 7° 1/2 $=$ 185^{mm},3
ce qui donne pour l'expression de cette saillie elle-même :
5^d $=$ 93^{mm},6, soit 3° 3/4 $=$ 92^{mm},7.

Ainsi le diamètre du socle de l'acrotère, égal à 10^p 6°, correspond exactement *à la moitié* de la longueur du socle du piédestal égale, comme on l'a déjà vu, à 21^p; tandis que, de son côté, la saillie du socle de l'acrotère, égale à 3° 3/4, correspond seulement *au quart* de la saillie du socle du piédestal, déjà fixée à 1^p 3°, ou 15°.

Quant à la saillie de la corniche sur l'acrotère lui-même, elle est égale, suivant les mesures de Piranèse, à 8^d $=$ 149^{mm},7, soit 6° $=$ 148^{mm},2, et par conséquent le plus grand diamètre mesuré au dessus de la colonne, sur l'angle saillant de la corniche de l'acrotère, doit être exprimé par 14^p 4^d 1/2 $=$ 3^m,2285, soit 10^p 10° 1/2 $=$ 3^m,2223; d'où il suit que cette plus grande dimension de l'acrotère, si elle est réellement égale à $10^P\,10^o\,1/2$, correspond, à une demi-once près, au diamètre supérieur ou, en d'autres termes, au plus petit diamètre de la colonne ; car on n'a pas oublié que ce plus petit diamètre a été précédemment fixé à $10^P\,10^o = 130^o$. Nous aurons même occasion de dire, dans le chapitre suivant, en étudiant le détail des dimensions verticales, quelle est la raison d'être de cette différence de $1/2$ once qu'il semble, au premier abord, si difficile de comprendre, quand elle se rapporte à deux dimensions théoriquement égales entre elles.

CHAPITRE 3. — ETUDE DES DIMENSIONS VERTICALES.

Les dimensions verticales de la colonne Trajane peuvent être étudiées sous deux aspects différents : d'abord par rapport à la division de cette colonne en assises, et ensuite, abstraction faite de cette division et en considérant seulement les diverses parties qui composent, soit le piédestal, soit la |colonne proprement dite, soit enfin l'acrotère.

Voici, dans le premier cas, à quels résultats conduisent les mesures rapportées par Piranèse :

NUMÉROS et DÉSIGNATION DES ASSISES.	DIMENSIONS		LES MÊMES DIMENSIONS	
	exprimées en mesures romaines modernes d'après Piranèse.	traduites en unités métriques françaises en admettant que $1^P = 224^{mm},6$	exprimées en mesures romaines antiques.	traduites en unités métriques françaises en admettant que $1^P = 296^{mm},3$
1re Assise correspondant au socle du piédestal......	6P. 0d. 1/4	1m,3523	4p. 7o	1m,3581
2e Assise correspondant à la partie inférieure du dé..................	7P. 7d. 1/4	1m,7079	5P. 9o	1m,7037
3e Assise correspondant à la partie supérieure.....	6P. 0. 1/2	1m,3569	4P. 7o	1m,3581
4e Assise comprenant la corniche du piédestal et la plinthe de la base de la colonne.............	8P. 8d. 1/5	1m,9503	6P. 7o	1m,9506
Totaux pour les 4 premières assises...............	28P. 4d. 1/5	6m,3674	21P. 6o	6m,3705

NUMÉROS et DÉSIGNATION DES ASSISES.	DIMENSIONS		LES MÊMES DIMENSIONS	
	exprimées en mesures romaines modernes d'après Piranèse.	traduites en unités métriques françaises en admettant que 1p = 224mm,9	exprimées en mesures romaines antiques.	traduites en unités métriques françaises en admettant que 1P = 296mm,3
5e Assise comprenant le tore et une partie du fût	6p. 11d.1/4	1m,5582	5p. 3o. 3(1) [scr.]	1m,5586
6e..Id..correspondant au fût	6. 11. 1/2	1, 5628	5. 3. 7	1, 5628
7e..Id......Id.........	6. 11.	1, 5535	5. 2. 22	1, 5535
8e..Id......Id.........	6. 10. 1/2	1, 5441	5. 2. 13	1, 5443
9e..Id......Id.........	6. 9.	1, 5161	5. 1. 10	1, 5165
10e..Id......Id.........	6. 9. 1/4	1, 5207	5. 1. 14	1, 5206
11e..Id......Id.........	6. 10. 1/5	1, 5385	5. 2. 7	1, 5381
12e..Id......Id.........	6. 8.	1, 4973	5. 0. 15	1, 4969
13e..Id......Id.........	6. 10. 3,5	1, 5460	5. 2. 15	1, 5463
14e..Id......Id.........	6. 9.	1, 5161	5. 1. 10	1, 5165
15e..Id......Id.........	6. 11.	1, 5535	5. 2. 22	1, 5535
16e..Id......Id.........	6. 10. 3/4	1, 5488	5. 2. 17	1, 5484
17e..Id......Id.........	6. 7. 1/2	1, 4880	5. 0. 6	1, 4877
18e..Id......Id.........	6. 8. 1/5	1, 5010	5. 0. 19	1, 5010
19e..Id......Id.........	6. 8.	1, 4973	5. 0. 15	1, 4969
20e..Id......Id.........	6. 8. 4/5	1, 5123	5. 1. 6	1, 5124
21e..Id......Id.........	6. 9.	1, 5161	5. 1. 10	1, 5165
22e..Id..immédiatement au dessous du chapiteau....	6. 10. 3/4	1, 5488	5. 2. 17	1, 5484
23e Assise correspondant au chapiteau	6. 9. 1/5	1, 5198	5. 1. 12	1, 5185
Totaux depuis le dessous du tore jusqu'au dessus du chapiteau	129p. 3d.1/2	29m,0389	98p. » »	29m,0374
24e Assise correspondant à la partie inférieure de l'acrotère	6p. 8d.	1m,4973	5p. 0o 1/2	1m,4938
25e et dernière assise correspondant à la partie supérieure de l'acrotère.....	6p. 3d.1/2	1m,4131	4p. 9o 1/2	1m,4198
Hauteur totale de l'acrotère.	12p. 11d.1/2	2m,9104	9p. 10o	2m,9136

(1) Les détails qui seront donnés dans la suite de ce mémoire expliqueront

Ainsi il faut compter, si les mesures de Piranèse sont exactes :

1° Pour la hauteur totale comprise entre le dessus des fondations et le quatrième joint horizontal situé entre la plinthe et le tore de la base de la colonne................	28P. 4ᵈ. 1/3	6ᵐ,3674	21P. 6°	6ᵐ,3705
2° Pour la hauteur de la colonne depuis le dessous du tore jusqu'au dessus du chapiteau...........	129P. 3ᵈ. 1/2	29ᵐ,0389	98P.	29ᵐ,0374
Et 3° enfin pour la hauteur de l'acrotère...........	12P. 11ᵈ. 1/2	2ᵐ,9104	9P. 10°	2ᵐ,9136
Par conséquent pour la hauteur totale du monument dans son état actuel.....	170P. 7ᵈ. 1/3	38ᵐ,3167	128P. 4°	38ᵐ,3215

Et la question est maintenant de savoir si l'exactitude de ces diverses mesures peut être considérée comme certaine.

Etudions, afin de nous en rendre compte, les détails de la division architecturale, en ayant soin, pour plus de sûreté, de comparer ces détails avec ceux que M. Léveil rapporte de son côté.

Les hauteurs des deux assises qui forment le dé du piédestal et auxquelles nous venons d'assigner, d'après les mesures de Piranèse ,

$$1^m,7079 \text{ soit en unités métriques romaines } 5^P \, 9^o = 1^m,7037$$
$$\text{Et } 1^m,3569 \text{ soit} \ldots\ldots\ldots\ldots\ldots\ldots 4^P \, 7^o = 1^m,3581$$
$$\text{Ensemble } 3^m,0648 \text{ soit} \ldots\ldots\ldots\ldots\ldots 10^P \, 4^o = 3^m,0618$$

pourquoi les hauteurs des tambours de la colonne sont exprimées ici en scrupules, c'est-à-dire en 24ᵉˢ d'once, quand toutes les autres dimensions du monument ont été exprimées, dans le chapitre qui précède, en 12ᵉˢ d'once seulement.

s'accordent d'abord d'une manière très-remarquable avec les dessins de **M. Léveil** qui donnent *(voyez la feuille n° 67 de la publication de M. Victor Caillat)* :

Pour la première de ces assises......... 1^m,71

Et pour la seconde.... .... 1^m,35

En total................ 3^m,06

ce qui rend l'exactitude des deux mesures de Piranèse tout à fait incontestable.

Il en est de même pour la hauteur de la corniche, à laquelle Piranèse attribue 1^p. 9^d. 3/4 = 0^m,4071, soit 1^P. 4° 1/2 = 0^m,4074, et que M. Léveil, de son côté, donne comme égale à.............. 0^m,41.

Quant à l'assise inférieure servant de socle qui a, d'après les mesures de M. Léveil, ainsi que nous l'avons fait remarquer dans le premier chapitre de ce mémoire, 1^m,365 de hauteur totale et qui, au contraire, n'a, d'après Piranèse, que 1^m,3523, il nous paraît démontré, par suite de cette différence de un centimètre environ entre les deux cotes données, qu'il y a erreur en plus sur le résultat de M. Léveil et erreur en moins sur celui de Piranèse, et qu'ainsi la véritable hauteur du socle doit être égale à 4^P. 7° = 1^m,3581 ; d'autant mieux que cette hauteur de la première assise, rigoureusement égale à la hauteur de la troisième, est en même temps égale à 55 onces, et se trouve, par conséquent, exprimée par un multiple exact de 5 onces, c'est-à-dire suivant le système de numération sur lequel nous avons déjà appelé l'attention de nos lecteurs à l'occasion des dimensions horizontales (1).

(1) Cette hauteur de 4^p 7° ou 55°, correspondant à la 3e assise, comprend le cadre dans lequel l'inscription commémorative se

Il peut donc être permis d'affirmer, dès ce moment, avec une entière certitude, qu'il y a lieu de compter :

- 1° Pour la hauteur du socle   4ᴾ. 7° $= 1^m,3581$
- 2° Pour celle du dé......   10ᴾ. 4° $= 3^m,0618$
- 3° Pour celle de la corniche   1ᴾ. 4° 1/2 $= 0^m,4074$

Et en total pour la hauteur comprise entre le dessus des fondations et l'angle saillant de la corniche du piédestal.. 16ᴾ. 3° 1/2 $= 4^m,8273$

Toutefois cette hauteur n'est pas celle qui correspond, au point de vue architectural, à la véritable hauteur du piédestal de la colonne ; car la partie inférieure du socle de ce piédestal se trouvait recouverte autrefois par la marche supérieure du soubassement sur lequel repose la colonne, et qui est aujourd'hui complètement enfoui par suite de l'exhaussement du sol. Cette marche avait, d'après les mesures de M. Léveil, $0^m,17$ seulement, et, d'après celles de Piranèse, 10ᵈ $= 0^m,1872$.

Malgré cela, nous ne craignons pas de lui assigner une hauteur totale de 8° $= 0^m,1975$, non seulement

trouve gravée, et comme ce cadre est séparé de la corniche par un intervalle de 5°, il en résulte que sa hauteur hors œuvre est égale à 50°, c'est-à-dire aux 2/3 du module. Mais les baguettes qui l'entourent et qui ont 2° 1/2 seulement chacune réduisent cette hauteur à 45° dans œuvre.

Quant à l'inscription, elle est composée de six lignes dont les lettres mesurent 4°, avec des interlignes de 3° seulement, ce qui donne en effet :

Pour les 6 lignes de 4° chacune................ 24°
Et pour les 7 intervalles de 3° chacun............ 21°

Ensemble, comme nous venons de le dire.... 45°.

parce que les traces que cette marche a pu laisser,
dans la partie inférieure du socle, doivent être, en ce
moment, bien incertaines, mais encore et surtout
parce que, lorsqu'on fixe, comme nous venons de le
faire, la hauteur de cette marche à 8º, la hauteur du
piédestal, déjà réglée en totalité à 16ᴾ. 3º 1/2, se
réduit effectivement, entre le sommet de la corniche
et le plan supérieur de la marche qui environnait ce
piédestal, à 16ᴾ. 3º 1/2 moins 8º, c'est-à-dire à
15ᴾ.7º 1/2 ou, en d'autres termes, à *deux modules
et demi.*

Il est bien certain en effet que, si le diamètre de la
base de la colonne est égal, comme nous l'avons déjà
constaté, à 12ᴾ. 6º, son rayon servant de module est
lui-même égal à 6ᴾ. 3º; ce qui donne pour le demi-
module 3ᴾ. 1º 1/2 et par conséquent enfin, pour deux
modules et demi, 12ᴾ. 6º + 3ᴾ. 1º 1/2, soit, comme
ci-dessus, 15ᴾ. 7º 1/2.

Ce résultat, dont il est facile de comprendre l'importance, pourrait, à la rigueur, être considéré comme
un effet du hasard, s'il se présentait isolément; mais
nous ne tarderons pas à constater, ainsi que nous
l'avons déjà annoncé dans le chapitre précédent, que
toutes les autres dimensions du monument sont réglées,
aussi bien que celle-ci, suivant la loi des proportions
définies, c'est-à-dire suivant le système qui a reçu le
nom de *modulaire*, et il serait bien étrange que la
hauteur du piédestal n'eût pas été réglée pareillement,
suivant le même système.

Cependant, en continuant notre étude, une difficulté notable résulte de ce que Piranèse assigne,
comme nous l'avons déjà vu, à la quatrième assise,

une hauteur totale de................. 1m,9503
tandis que M. Léveil ne trouve, pour la
même hauteur, que................... 1m,743
(Voyez encore une fois la planche n° 67
de la publication de M. Victor Caillat.)

Il est évident qu'une différence aussi con-
sidérable qui s'élève jusqu'à............ 0m,2073
suffit pour constater une erreur matérielle.

Mais à qui faut-il l'attribuer ?

On a déjà reconnu qu'elle n'existe pas sur la hauteur
de la corniche, et nous pouvons ajouter maintenant
qu'on ne la trouve pas davantage sur la hauteur de
l'assise placée entre la corniche et la plinthe de la base
de la colonne; car cette assise qui a, d'après Piranèse,
3p. = 0m,6738, et qui correspond par conséquent,
en mesures romaines, à.... 2p. 3o 1/2 = 0m,6790
doit être comptée, d'après M. Léveil, pour 0m,65.

La véritable erreur est donc sur la hauteur de la plinthe qui correspond, suivant les dessins de Piranèse, à
3p. 10d 1/2 = 0m,8703, soit 2p. 11o = 0m,8642
et suivant ceux de M. Léveil, à..... 0m,683 seulement.

Fort heureusement, dès qu'une erreur de cette
importance vient à être signalée par la comparaison de
deux résultats contraires, il est presque toujours facile
de déterminer, *à priori*, de quel côté on doit la chercher en définitive; et cette vérité peut être constatée,
dans le cas actuel, de plusieurs manières différentes.

Remarquons d'abord que la hauteur de la plinthe
qui se trouve exprimée, en mesures romaines, d'après
Piranèse, par 2p. 11o, c'est-à-dire par 35o, correspond
ainsi au système déjà signalé plusieurs fois; ce qui
est un premier argument en faveur de cette cote.

Remarquons, en second lieu, qu'à l'intérieur du monument les 3e, 4e et 5e assises, auxquelles Piranèse assigne : 1m,3581, 1m,9506 et 1m,5586, contiennent, dans leur hauteur,

La troisième assise   7 marches,

La quatrième 10,

Et la cinquième 8, (1)

ce qui donne pour la hauteur d'une marche :

Dans le premier cas...... 194mm,01,

Dans le deuxième....... 195mm,06,

Et dans le troisième....... 194mm,83,

dimensions qui sont, comme on le voit, très-sensiblement égales entre elles ; tandis que, dans le système de M. Léveil, la hauteur totale de la quatrième assise,

---

(1) Combien faut-il compter en réalité de marches dans la hauteur de la colonne Trajane ?

Publius Victor, dont nous copions le texte, en compte 185 :

« *Forum Trajani cum templo..... Et columna cochlide quæ* » *est alta pedes* CXXVIII, *habetque intus gradus* CLXXXV ». (De Regionibus urbis Romæ liber. — *Regio* VIII.)

Mais l'abbé Barthélemy n'en compte, de son côté, que 183 :

« Dans l'intérieur, nous dit-il, on a pratiqué un escalier de 183 marches ». (*Mémoires de l'Académie des Inscriptions*, tome XXVIII, page 587.)

Enfin Ciaconius, qui s'exprime dans les termes suivants, en compte 184 :

« *Columnam marmoream cochlidem Romæ in medio Trajani* » *foro erectam, nunc etiam extantem,* CXXVIII. *ped. altam, ad* » *cujus fastigium per* 184 *gradus conscenditur, S. P. R. Tra-* » *jano Augusto dicavit* ». (Interioris frontis columnæ descriptio, § 1.)

Après quoi, le même auteur ajoute encore :

« *Gradus autem, non ut P. Victor* clxxxv, *sed* clxxxiv *hodie* » *comperimus* ». (§ 4.)

Ces diverses assertions ne sont contradictoires qu'en apparence. Il faut compter, en effet, 8 marches dans la hauteur de chacun des

ayant seulement 1^m,743, ne laisserait que 174^{mm},3 de hauteur à chacune des 10 marches qu'elle contient, et présenterait ainsi une anomalie tout à fait inadmissible, puisque les marches qui précèdent et qui suivent celles-ci ont, les unes aussi bien que les autres, plus de 194 millimètres.

Mais l'observation la plus saillante, celle sur laquelle nous insisterons par conséquent le plus, se déduit de la mesure de la hauteur des autres parties de la base de la colonne; car le tore et l'orle comptés ensemble ont, d'après Piranèse :

4^p. 4^d. 2/3 = 0^m,9857, soit 3^p. 2° = 0^m,9877
et d'après M. Léveil.............. 0^m,997

tambours monolithes de la colonne, et par conséquent dix-neuf fois huit marches, c'est-à-dire................. 152 marches depuis le sommet de cette colonne jusqu'au dessous du tore de sa base.

L'assise supérieure du piédestal contient ensuite 10 marches et l'assise supérieure du dé n'en contient, à son tour, que................................. 7
tandis que l'assise inférieure en contient......... 9

De sorte qu'il existe, dans la partie placée au dessus du socle du piédestal................... 178 marches seulement.

Et comme la hauteur du socle lui-même est rigoureusement égale, ainsi que nous l'avons déjà constaté, à la hauteur de l'assise supérieure du dé, il est incontestable que cette hauteur doit correspondre à 7 marches, comme cette assise elle-même, et qu'il est ainsi permis de compter, avec P. Victor, 185 marches dans la hauteur totale du monument; mais rien n'empêche, malgré cela, de n'en compter que 183 avec l'abbé Barthélemy, *dans l'intérieur de la construction*, ou bien encore 184, avec Ciaconius, depuis le dessus du chapiteau *jusqu'au dessus du perron qui servait autrefois de soubassement à la colonne*. (Voyez ces détails sur le dessin qui accompagne ce mémoire, et sur lequel les marches elles-mêmes ont été numérotées de haut en bas.)

d'où il suit qu'en définitive cette dernière hauteur de
3ᵖ. 4º ne peut pas s'éloigner beaucoup elle-même de
la vérité. De plus, comme cette cote correspond à
40º et comme, d'autre part, la hauteur de la plinthe,
à laquelle Piranèse assigne...... 2ᵖ. 11º, soit 35º
ajoutée à la hauteur du tore et de
l'orle, si ces deux parties ensemble
ont effectivement.............. 3ᵖ. 4º, soit 40º
donne, pour la hauteur de la base
de la colonne, une cote totale de.. 6ᵖ. 3º, soit 75º
précisément égale à *un module*,
il semble nécessaire d'en conclure que cette dernière
cote correspond aussi fort exactement à la véritable
expression de la hauteur de la base de la colonne; et
nous pouvons, en conséquence, considérer, dès à présent, comme certain, que les mesures rapportées par
M. Léveil sont notoirement fautives, tandis que, au
contraire , celles de Piranèse sont, comme toujours,
d'une exactitude remarquable.

C'est ainsi qu'avec un peu de soin et de persévé-
rance, il est permis de reconnaître, dans la plupart
des cas, lorsque deux séries de mesures ne sont pas
d'accord entre elles, quelle est la bonne et quelle est
la mauvaise série; c'est ainsi surtout qu'il est indispensable d'agir, quand on veut étudier sérieusement
les monuments antiques et éviter, en même temps,
les piéges que les architectes tendent si souvent,
quoique bien involontairement sans doute, aux archéologues, en leur fournissant des mesures inexactes.
La vérité ne peut être établie qu'à l'aide de ces précau-
tions, et l'on s'expose généralement à commettre bien
des erreurs, quand on néglige de s'appuyer constamment sur des chiffres soigneusement vérifiés.

Vitruve a dit, dans le chapitre 3 de son IIIe livre :

« *His perfectis, in suis locis spiræ collocentur,*
» *æque ad symmetriam sic perficiantur uti crassi-*
» *tudo* cum plintho *sit columnæ ex dimidia crassitu-*
» *dine.* »

Et voici comment Perrault a traduit ce passage :

« Ces choses étant ainsi ordonnées, il faudra placer
» les bases en leur lieu et *ne leur donner d'épaisseur*
» *comprenant leur plinthe que la moitié du diamètre*
» *des colonnes.* »

Il y avait donc un véritable intérêt à savoir si l'architecte de la colonne Trajane avait eu connaissance de cette règle et surtout à constater, comme nous venons de le faire, qu'il s'y était conformé de la manière la plus rigoureuse.

Cependant si, au lieu de discuter, une à une, les diverses cotes données, nous nous étions contenté d'agir, comme on le fait d'habitude, nous aurions trouvé, sur les dessins de M. Léveil, 3^m,715 pour le diamètre inférieur, 1^m,8575 pour la moitié de ce diamètre et 1^m,68 seulement pour la hauteur de la base, et nous n'aurions pas hésité à déclarer alors, avec ceux de nos contradicteurs auxquels une étude superficielle paraît suffisante, que les règles de Vitruve n'ont pas été suivies par l'architecte Apollodore; peut-être même aurions-nous été jusqu'à dire, avec quelques-uns d'entre eux, que ces règles n'ont jamais été observées par aucun architecte de l'antiquité.

Les dimensions de la base et du piédestal de la colonne Trajane nous paraissent maintenant aussi bien déterminées dans le sens vertical que dans le sens horizontal. Mais tous les rapports de ces dimensions avec le module n'ont pas encore été indiqués avec une précision suffisante et nous croyons utile de les faire tous connaître. Nous les résumons en conséquence dans les tableaux suivants :

§ 1er. — Dimensions verticales. 1° *Base de la colonne.*	DIMENSIONS THÉORIQUES calculées suivant la règle exacte.			Dimensions réellement adoptées dans la pratique.
	en fonction du module divisé en 30 parties égales de 2o 112 chacune	en onces romaines antiques.	en pieds et onces.	
Hauteur de l'orle...............	3 parties	7o 1/2	7o 1/2	7o
Hauteur du tore.................	13	32 1/2	2P. 8o 1/2	2P. 9o
Hauteur de la partie circulaire....	16 parties	40o	3P. 4o	3P. 4o
Hauteur de la plinthe ou, en d'autres termes, de la partie rectangulaire......................	14	35	2. 11	2. 11
Hauteur totale de la base, *un module*, soit................	30 parties	75o	6P. 3o	6P. 3o
2° *Corniche du piédestal et assise placée au dessus.*				
Assise rectangulaire placée au dessus de la corniche............	11 parties	27o 1/2	2P. 3o 1/2	2P. 3o 1/2
Corniche......................	6 1/2	16 1/4	1. 4 1/4	1. 4 1/2
Les deux ensemble.............	17 part. 1/2	43o 3/4	3P. 7o 3/4	3P. 8o
3° *Dé.*				
Assise supérieure..............	22 parties	55o	4P. 7o	4P. 7o
Assise inférieure...............	27 1/2	68 3/4	5. 8 3/4	5. 9
Hauteur totale...............	49 part. 1/2	123o 3/4	10P. 3o 3/4	10P. 4o

Suite des dimensions verticales.	DIMENSIONS THÉORIQUES calculées suivant la règle exacte.			Dimensions réellement adoptées dans la pratique.
	en fonction du module divisé en 30 parties égales de 2° 1/2 chacune	en onces romaines antiques.	en pieds et onces.	
4° Socle.				
Hauteur des moulures supérieures égale à la saillie de ces mêmes moulures......................	6 parties	15°	1ᴾ. 3°	1ᴾ. 3°
Assise rectangulaire placée au dessous.........................	5 1/2	13 3/4	1. 1 3/4	1. 2
Assise iuférieure limitée au plan supérieur de la marche qui entourait le piédestal............	7 1/2	18 3/4	1. 6 3/4	1. 6
Ensemble............ .	19 parties	47° 1/2	3ᴾ. 11° 1/2	3ᴾ. 11°
Hauteur de cette dernière marche.	3	7 1/2	7 1/2	8
Hauteur totale............	22 parties	55°	4ᴾ. 7°	4ᴾ. 7°
5° Récapitulation.				
Hauteur apparente du socle......	19 parties	47° 1/2	3ᴾ. 11° 1/2	3ᴾ. 11°
Hauteur du dé.................	49 1/2	123 3/4	10. 3 3/4	10. 4
Hauteur de la corniche..........	6 1/2	16 1/4	1. 4 1/4	1. 4 1/2
Hauteur effective du piédestal égale à *deux modules et demi*........	75 parties	187° 1/2	15ᴾ. 7° 1/2	15ᴾ. 7° 1/2
Hauteur de l'assise placée au dessus..........................	11	27 1/2	2. 3 1/2	2. 3 1/2
Ensemble.............	86 parties	215°	17ᴾ. 11°	17ᴾ. 11°
Hauteur de la base de la colonne égale à un module............	30	75	6. 3	6. 3
Hauteur totale.........	116 parties	290°	24ᴾ. 2°	24ᴾ. 2°

§ 2. — Dimensions horizontales.	DIMENSIONS THÉORIQUES calculées suivant la règle exacte.			Dimensions réellement adoptées dans la pratique.
	en fonction du module divisé en 30 parties égales de 2° 1|2 chacune	en onces romaines antiques.	en pieds et onces.	
Diamètre de la base de la colonne égal à *deux modules*	60 parties	150°	12ᴾ. 6°	12ᴾ. 6°
Saillie de l'orle.	4	10	10	10
Autre saillie semblable.	4	10	10	10
Total ou diamètre de l'orle.	68 parties	170°	14ᴾ. 2°	14ᴾ. 2°
Rayon du demi-cercle du tore ou saillie horizontale du tore sur l'orle.	6 1/2	16 1/4	1. 4 1/4	1. 4 1/2
L'autre semblable.	6 1/2	16 1/4	1. 4 1/4	1. 4 1/2
Total ou diamètre horizontal du tore.	81 parties	202° 1/2	16ᴾ. 10° 1/2	16ᴾ. 11°
Saillie du tore sur la plinthe.	1	2 1/2	2 1/2	2
L'autre semblable.	1	2 1/2	2 1/2	2
Total ou côté de la plinthe.	83 parties	207° 1/2	17ᴾ. 3° 1/2	17ᴾ. 3°
Saillie de l'assise qui porte la plinthe.	3	7 1/2	7 1/2	7 1/2
Autre saillie semblable.	3	7 1/2	7 1/2	7 1/2
Total ou côté de cette assise, ou, ce qui est la même chose, côté du dé.	89 parties	222° 1/2	18ᴾ. 6° 1/2	18ᴾ. 6°
Saillie de la corniche égale à celle du socle.	6	15	1. 3	1. 3
L'autre semblable.	6	15	1. 3	1. 3
Longueur totale de la corniche et longueur totale du piédestal prise sur sa plus grande dimension au niveau des fondations.	101 parties	252° 1/2	21ᴾ. 0° 1/2	21ᴾ.

Rappelons maintenant que Vitruve a dit, dans le second chapitre de son 6e livre :

« Lors donc que le module aura été déterminé et
» que les dimensions auront été exprimées par des
» chiffres, il appartiendra à l'intelligence de l'archi-
» tecte de les modifier, soit en plus, soit en moins,
» suivant ce que comporteront les circonstances loca-
» les, la destination ou la beauté de l'œuvre ; de telle
» sorte qu'une fois ces modifications effectuées, les
» proportions paraissent encore justement établies,
» et que l'aspect ne laisse rien à désirer (1). »

Et voyons, à l'aide des documents qui précédent, jusqu'à quel point ces recommandations ont été suivies par l'architecte Apollodore.

Il semble d'abord évident : 1o que cet architecte a donné 21^P. à la longueur du socle du piédestal de sa colonne, au lieu de 21^P. 0o 1/2, 18^P. 6o à la longueur du dé, au lieu de 18^P. 6o 1/2, et enfin 17^P. 3o à la plinthe de la base au lieu de 17^P. 3o 1/2, dans l'unique but d'opérer, en exécution, sur des nombres entiers et pour faciliter de la sorte le travail de ses ouvriers ; 2o qu'il a réglé, après cela, et toujours dans le même but, le diamètre vertical du tore à 2^P. 9o, au lieu de 2^P. 8o 1/2, par conséquent aussi son diamètre horizontal à 16^P. 11o, au lieu de 16^P. 10o 1/2 ; et 3o

---

(1) « *Cum ergo constituta symmetriarum ratio fuerit, et com-*
» *mensus ratiocinationibus explicati, tunc etiam acuminis est*
» *proprium providere ad naturam loci, aut usum, aut speciem,*
» *et detractionibus vel adjectionibus temperaturas efficere, uti,*
» *cum de symmetria sit detractum aut adjectum, id videatur*
» *recte formatum in aspectuque nihil desideretur.* » (Lib. VI, cap. 2.)

enfin que, la longueur théorique de la plinthe ayant été ainsi diminuée de 1/2 once, pendant que le diamètre théorique du tore était augmenté lui-même d'une égale quantité, la saillie du tore sur la plinthe a été forcément réduite de 1/2 once de chaque côté, et s'est trouvée finalement exprimée, toujours en nombres entiers, par 2° au lieu de $2^o\,1/2$.

Il semble incontestable, en second lieu, qu'il en est encore de même dans le sens vertical, où l'augmentation de hauteur du tore amène naturellement une diminution de hauteur de l'orle, en le réduisant de 7° 1/2 à 7°, afin de conserver la hauteur normale de ces deux parties ensemble. De même encore pour la corniche, dont la hauteur est portée à $1^P.\ 4^o\,1/2$, au lieu de $1^P.\ 4^o\,1/4$, et pour celle du dé qui est portée, de son côté, à $10^P.\ 4^o$ au lieu de $10^P.\ 3^o\,3/4$; ce qui conduit à compenser ces deux augmentations de 1/4 d'once chacune, en réduisant la hauteur du socle de $3^P.\ 11^o$ 1/2 à $3^P.\ 11^o$, afin de laisser rigoureusement à la hauteur totale du piédestal sa hauteur théorique de *deux modules et demi*, soit $15^P.\ 7^o\,1/2$. Quant aux détails de la hauteur du socle, réduit, comme on vient de le voir, de 1/2 once, ils comprennent, dans la partie intermédiaire, une hauteur théorique de $1^P\ 1^o\ 3/4$ naturellement réglée, dans la pratique, à $1^P.\ 2^o$; d'où il résulte que la partie inférieure, qui doit avoir en théorie $1^P.\ 6^o\ 3/4$ de hauteur, se trouve forcément diminuée de 3/4 d'once et réduite, en exécution, à $1^P.\ 6^o$.

En dernier lieu enfin, la hauteur de la marche qui environne le piédestal a été portée, toujours en nombres entiers, à 8° au lieu de $7^o\ 1/2$, dans le but de compenser la réduction de 1/2 once déjà signalée, dans la partie supérieure du socle , et afin de laisser, par ce moyen, à la hauteur totale de cette assise, sa hauteur théorique de 55º = 4ᴾ. 7º.

Les longs développements dans lesquels nous venons d'entrer établissent donc non seulement que le système modulaire a été suivi pour tous les détails de la base et du piédestal de la colonne *Trajane*, non seulement que le module égal au rayon inférieur de cette colonne a été réellement divisé en 30 parties, comme nous l'avons déjà annoncé dans le chapitre précédent , non seulement que les règles de *Vitruve* ont été scrupuleusement observées par l'architecte *Apollodore*, mais encore et surtout que les diverses cotes calculées jusqu'à ce moment reproduisent, avec la plus rigoureuse fidélité , les mesures antiques à l'aide desquelles le travail des ouvriers a été effectivement dirigé.

Et cependant nous demandons la permission d'insister encore ; car nous avons voulu nous imposer aussi la tâche de montrer combien d'erreurs sont quelquefois accumulées dans les publications réputées les plus exactes.

Essayons donc de déterminer les dimensions de la porte pratiquées dans le piédestal :

Piranèse assigne à l'ouverture horizontale de cette porte...................... 4ᴾ. 8ᵈ. = 1ᵐ,0481 et M. Léveil, de son côté, lui donne........ 1ᵐ,05 ; ce qui fait, nous ne craignons pas de le dire, qu'on doit compter rigoureusement, en mesures romaines, 3ᴾ. 6º 1/2 = 1ᵐ,0494 et non , comme on pourrait le croire au premier abord , 3ᴾ. 6º seulement ; car, indépendamment de l'accord remarquable entre les deux mesures données, il est facile de voir que cette largeur de 3ᴾ. 6º 1/2 correspond rigoureusement à 42º 1/2, c’est-à-dire à **17** parties du module divisé **en 30** parties égales.

Quelle est ensuite la largeur des chambranles ?

Piranèse leur attribue 10^d = 187^m,2. soit 7° 1/2 = 185^m,2, soit enfin 3 parties du module ; mais **M.** Léveil, dans son profil détaillé, remplace cette largeur de 0^m,185 par celle de 0^m,39 ! (*Voyez la planche n° 67 de la publication de M. Victor Caillat.*)

Fort heureusement l’erreur de cet architecte est ici trop choquante pour n’être pas certaine.

N’oublions pas en effet que la corniche du piédestal, d’après **M.** Léveil lui-même, n’a pas plus de 0^m,41 de hauteur et constatons, sur l’élévation qu’il donne aussi lui-même, que le chambranle de la porte est sensiblement égal *à la moitié* de la hauteur de cette corniche ; ce qui démontre clairement que toutes les cotes rapportées par **M.** Léveil, dans son profil détaillé du chambranle, sont précisément *doubles* de la réalité !! (1) car il est matériellement impossible que la hauteur de ce chambranle reste fixée à 0^m,39, quand celle de la corniche ne s’élève qu’à 0^m,41.

Quant aux autres dimensions de la porte , elles ne sont pas indiquées d’une manière plus exacte, sur les dessins de l’architecte moderne, qui donne pour la hauteur de cette porte, mesurée dans œuvre, 2^m,23 ,

---

(1) De pareilles erreurs, lorsqu'elles se produisent, dérivent le plus souvent d'une^r cause facile à signaler. Par exemple, dans le cas actuel, il paraît certain qu'après avoir mesuré la largeur de la porte dans œuvre et hors œuvre, **M.** Léveil s'est contenté de prendre la différence entre ces deux mesures, pour en conclure la largeur du chambranle, tandis qu'il obtenait en opérant ainsi, *la double largeur,* au lieu de la largeur réelle.

tandis que Piranèse , dont l'exactitude nous est maintenant bien connue , fixe cette hauteur à 9ᴾ . 1ᵈ . $=$ 2ᵐ,0401, soit 6ᴾ. 10ᵒ 1/2 $=$ 2ᵐ,0371 ; ce qui correspond précisément à 33 parties (1).

Il est, après cela, complètement inutile d'insister davantage , et la tâche que nous nous sommes imposée semble , dès ce moment, accomplie. Désormais , nous osons le croire, les véritables archéologues n'accepteront qu'avec une sage défiance les mesures que certains architectes ne craignent pas de leur signaler comme parfaitement exactes , et les chances d'erreur se trouveront , par ce seul fait , notablement diminuées.

Il reste cependant à faire connaître encore les détails des dimensions du chapiteau et de l'acrotère ; et, pour ne pas fatiguer inutilement l'attention de nos lecteurs en répétant trop souvent des calculs qui sont toujours les mêmes , nous omettrons d'indiquer ici les opérations à l'aide desquelles nous avons traduit les cotes de Piranèse en mesures romaines antiques. On en trouvera pourtant le détail sur les dessins que nous joignons à ce mémoire, et nous y renvoyons , avec

---

(1) Puisque , d'après Piranèse , la hauteur de la porte mesurée *dans œuvre* est égale

à 9ᴾ . 1ᵈ $=$ 2ᵐ,0401, soit 6ᴾ . 10ᵒ 1/2 $=$ 2ᵐ,0371 (33 parties),
tandis que la hauteur du chambranle correspond

à 10ᵈ $=$ 0ᵐ,1872, soit 7ᵒ 1/2 $=$ 0ᵐ,1852 (3 parties),
il est clair que la hauteur totale *hors œuvre* est égale

à 9ᴾ . 11ᵈ $=$ 2ᵐ,2273, soit 7ᴾ . 6ᵒ $=$ 2ᵐ,2223 (36 parties).

Ainsi M. Léveil donne, pour la hauteur *dans œuvre*, à peu près la même mesure que Piranèse pour la hauteur *hors œuvre*. N'est-il pas probable, d'après cela, et même, on peut le dire, certain, que M. Léveil a pris l'une de ces deux mesures pour l'autre ?

confiance, tous ceux auxquels de pareilles recherches pourront encore sembler intéressantes.

Voici, dans tous les cas, le résumé fidèle de ces divers calculs :

§ 1er. — Dimensions horizontales.	DIMENSIONS THÉORIQUES calculées suivant la règle exacte.			Dimensions réellement adoptées dans la pratique.
	en fonction du module divisé en 30 parties égales de 2° 1/2.	en onces romaines antiques.	en pieds et onces.	
Diamètre supérieur de la colonne.	52 parties	130°	10p. 10°	10P. 10°
Saillie du tailloir du chapiteau sur ce diamètre.................	9	22 1/2	1. 10 1/2	1. 10 1/2
L'autre saillie semblable.........	9	22 1/2	1. 10 1/2	1. 10 1/2
Longueur totale du tailloir égale à *deux modules et un tiers*......	70 parties	175°	14P. 7°	14P. 7°
Saillie du tailloir sur le socle de l'acrotère..................	9 3/4	24 3/8	2. 0 1/2	2. 0 1/2
Les deux saillies ensemble.......	19 1/2	48 3/4	4. 0 3/4	4. 1
Différence entre la longueur du tailloir et la somme de ces deux saillies ou diamètre du socle de l'acrotère	50 part. 1/2	126° 1/4	10p. 6° 1/4	10P. 6°
Ainsi la saillie du tailloir sur le socle de l'acrotère a été réglée de manière à rendre le diamètre de ce socle précisément égal, comme nous l'avons déjà dit, à la moitié de la longueur du socle de la base du piédestal de la colonne.				
Double saillie du socle sur l'acrotère	3	7 1/2	7 1/2	7 1/2
Différence à reporter..........	47 part. 1/2	118P 3/4	9P. 10° 3/4	9P. 10° 3/4

Suite des dimensions horizontales.	DIMENSIONS THÉORIQUES calculées suivant la règle exacte.			Dimensions réellement adoptées dans la pratique.
	en fonction du module divisé en 30 parties égales de 2° 1/2.	en onces romaines antiques.	en pieds et onces.	
Report de la différence entre le diamètre du socle et sa double saillie, ou diamètre du dé de l'acrotère...................	47 part. 1/2	118° 3/4	9ᴾ. 10° 3/4	9ᴾ. 10° 1/2
Saillie de la corniche sur ce dé...	2 1/4	5 5/8	5 5/8	6
L'autre saillie semblable........	2 1/4	5 5/8	5 5/8	6
Total égal au diamètre de l'acrotère augmenté de ces deux saillies ou diamètre de l'acrotère mesuré sur l'angle supérieur de sa corniche....................	52 parties	130°	10ᴾ. 10°	10ᴾ. 10° 1/2
Ce qui démontre que la saillie de cette corniche a *été calculée de manière à rendre le plus grand diamètre de l'acrotère théoriquement* égal au plus petit diamètre de la colonne, qui est lui-même égal, comme on le sait, à.....	52 parties	130°	10ᴾ. 10°	10ᴾ. 10

§ 2. — Dimensions verticales.

1° *Hauteurs de l'acrotère.*

Hauteur de la partie rectiligne du socle.......................	3 part. 1/2	8° 3/4	8° 3/4	8° 3/4
Hauteur des moulures égale à leur saillie......	1 1/2	3 3/4	3 3/4	3 3/4
Hauteur du dé................	33 1/2	83 3/4	6ᴾ. 11 3/4	7ᴾ. 0
Hauteur de la corniche........	3	7 1/2	7 1/2	8
Hauteur de la partie supérieure...	5 1/2	13 3/4	1. 1 3/4	1. 1 1/2
Hauteur totale de l'acrotère.......	47 parties	117° 1/2	9ᴾ. 9° 1/2	9ᴾ. 10°

== 59 ==

Si donc on compare les dimensions réelles et les
dimensions théoriques de l'acrotère, on voit que le
diamètre théorique du dé, égal à 9ᴾ. 10° 3/4, a été
diminué de 1/4 d'once, tandis que, au contraire, la
hauteur totale théorique, égale à 9ᴾ. 9° 1/2, a été
augmentée de 1/2 once, pour rapprocher ainsi ces deux
mesures l'une de l'autre et pour rendre, en dernière
analyse, la hauteur totale effective sensiblement égale
au diamètre réel.

Suite des dimensions verticales.	DIMENSIONS THÉORIQUES calculées suivant la règle exacte			Dimensions réellement adoptées dans la pratique
	en fonction du module divisé en 30 parties égales de 2° 1/2.	en onces romaines antiques	en pieds et onces.	
2° Hauteurs du chapiteau.				
Hauteur du plan incliné ménagé au dessus du chapiteau, ayant théoriquement une demi-partie du module ou 1° 1/4, ci........................	1°			
Hauteur de la face verticale du tailloir ayant théoriquement 10 parties 1/2 ou 26° 1/4 ou en d'autres termes 2ᴾ. 2° 1/4, ci.	2ᴾ. 2 1/2			
Hauteur totale du tailloir.....	2ᴾ. 3° 1/2	11 parties 27° 1/2	2ᴾ. 3° 1/2	2ᴾ. 3° 1/2
Petit filet rectangulaire placé au dessous du tailloir, dont Piranèse ne fait pas mention, mais que M. Léveil indique, d'une manière formelle, sur ses dessins...............	1/2			
Hauteur effective de l'échine égale à 8 parties du module ou à 20°...................	1. 8			
Hauteur totale de l'échine et du tailloir pris ensemble.......	4ᴾ. 0			
Hauteur de la petite moulure placée au dessous de l'échine	1°			
Report des hauteurs de l'échine comme ci-dessus..........	1. 8° 1/2			
Hauteur totale telle que Piranèse la donne..............	1ᴾ. 9° 1/2	8 1/2	21 1/4	1. 9 1/4	1. 9 1/2
Totaux à reporter	19part. 1/2	48° 3/4	4ᴾ. 0° 3/4	4ᴾ. 1°

Suite des dimensions verticales.	DIMENSIONS THÉORIQUES calculées suivant la règle exacte.			Dimensions réellement adoptées dans la pratique.
	en fonction du module divisé en 30 parties égales de 2º 1/2.	en onces romaines antiques.	en pieds et onces.	
Report ou hauteur de la partie supérieure	19part. 1/2	48º 3/4	4ᴾ. 0º 3/4	4ᴾ. 1º
Hauteur de l'astragale en y joignant les deux petits filets qui l'encadrent 4º				
Hauteur du bandeau cylindrique sur lequel l'astragale repose. 3 1/2				
Les deux ensemble........ 7º 1/2	3	7 1/2	7 1/2	7 1/2
Hauteur totale du chapiteau égale aux *trois quarts du module*...............	22part. 1/2	36º 1/4	4ᴾ. 8º 1/4	4ᴾ. 8º 1/2
Partie cannelée du fût de la colonne placée immédiatement au dessous du chapiteau et comprise dans le même bloc	2	5	5	5
Hauteur totale de la 23ᵉ assise..........	24part. 1/2	61º 1/4	5ᴾ. 1º 1/4	5ᴾ. 1º 1/2
Prolongement des cannelures sur la 22ᵉ assise jusqu'au diamètre minimum de la colonne........................ .	2	5	5	5
Hauteur totale de la partie supérieure de la colonne.	26part. 1/2	66º 1/4	5ᴾ. 6º 1/4	5ᴾ. 6º 1/2

Et maintenant, si notre illusion n'est pas complète, il demeure démontré, de la manière la plus positive, que toutes les dimensions indiquées jusqu'ici ont été calculées, tant en largeur qu'en hauteur, suivant le système modulaire, c'est-à-dire, dans le cas actuel, en fonction du rayon inférieur de la colonne; par conséquent aussi qu'il doit en être de même pour la hauteur totale de cette colonne, et qu'ainsi cette dernière hauteur, là seule qu'il nous reste à déterminer encore, correspond nécessairement, *au moins en théorie*, mais en théorie seulement, comme nous l'expliquerons tout à l'heure, à 8 diamètres ou à 16 modules, c'est-à-dire à 100 pieds.

Quant à cette hauteur totale de 100ᵖ, elle doit comprendre, si notre théorie est exacte :

1° La hauteur de la plinthe de la base égale, comme on le sait, à.......................... 14 parties du module, ou à 2ᵖ. 11°

2° Celle de la 5ᵉ assise contenant le tore, effectivement égale, d'après les mesures de Piranèse, à 5ᵖ. 3° 3 scr., mais qu'il convient de régler cependant, *au moins en théorie*, à.......................... 25 parties, c'est-à-dire à 5ᵖ. 2° 1/2

3° Celle de la 23ᵉ assise, correspondant au chapiteau, égale, d'après Piranèse, à 5ᵖ. 1° 1/2 et qui, malgré cela, doit correspondre, ainsi qu'on vient de le voir, à................. 24 parties 1/2, soit...... 5ᵖ. 1° 1/4

Et 4° enfin la hauteur cumulée des 17 assises comprises entre la 5ᵉ et la 23ᵉ, lesquelles doivent être théoriquement égales entre elles et égales, par conséquent, aussi bien que la 23ᵉ assise, à 24 parties 1/2, soit 5ᵖ. 1° 1/4 ; ce qui donne en totalité..................... 416 parties 1/2 et........ 86ᵖ. 9° 1/4 de manière à produire finalement, comme nous l'avons déjà dit, 16 modules ou........... 480 parties, soit......... 100ᵖ.

Si l'on compare, après cela, ces hauteurs théoriques aux hauteurs réelles, telles que Piranèse les a déjà fait connaître, et que nous reproduisons, dans le tableau suivant, afin de rendre cette comparaison plus facile :

INDICATIONS.	HAUTEURS EXPRIMÉES en mesures romaines antiques.					
	Hauteurs théoriques.			Hauteurs réelles.		
	P.	o	sc.	P.	o	sc.
23ᵉ Assise correspondant au chapiteau..	5.	1	6	5.	1	12
22ᵉ Id.	5.	1	6	5.	2	17
21ᵉ Id.	5.	1	6	5.	1	10
20ᵉ Id.	5.	1	6	5.	1	6
19ᵉ Id.	5.	1	6	5.	0	15
18ᵉ Id.	5.	1	6	5.	0	19
17ᵉ Id.	5.	1	6	5.	0	6
16ᵉ Id.	5.	1	6	5.	2	17
15ᵉ Id.	5.	1	6	5.	2	22
14ᵉ Id.	5.	1	6	5.	1	10
13ᵉ Id.	5.	1	6	5.	2	15
12ᵉ Id.	5.	1	6	5.	0	15
11ᵉ Id.	5.	1	6	5.	2	7
10ᵉ Id.	5.	1	6	5.	1	14
9ᵉ Id.	5.	1	6	5.	1	10
8ᵒ Id.	5.	1	6	5.	2	13
7ᵉ Id.	5.	1	6	5.	2	22
6ᵉ Id.	5.	1	6	5.	3	7
5ᵉ Assise correspondant au tore.......	5.	2	12	5.	3	3
Hauteur de la plinthe de la base......	2.	11		2.	11	
Hauteur totale...............	100P.			100P.	11ᵒ	

il résulte, d'une manière évidente, de cette seule comparaison que l'exécution matérielle n'a pas été rigoureusement conforme à la conception théorique ; car il est indispensable d'admettre que Piranèse, dont nous avons si souvent constaté la parfaite exactitude, ne s'est pas trompé 19 fois de suite, en mesurant les hauteurs des 19 assises qui s'élèvent au dessus de la plinthe de la base.

Comment donc et pourquoi de pareils écarts se rencontrent-ils, en fait, entre les mesures réelles et les dimensions théoriques ? Nous ne craignons pas de le dire, contrairement à l'opinion de M. Ampère, c'est parce que la colonne Trajane n'est pas et n'a jamais été *un gigantesque étalon métrique*, et parce qu'il est incontestable que l'architecte Apollodore aurait pu obtenir aisément une exécution beaucoup plus parfaite, s'il avait conçu là pensée, ou si on lui avait intimé l'ordre de créer un pareil étalon.

Au contraire, si, comme tout porte à le croire, cet architecte est resté placé dans des conditions ordinaires, lorsqu'il a fait construire le monument que nous étudions, il n'est pas moins incontestable qu'il a dû être conduit, sans aucun inconvénient au point de vue pratique, à employer tous les blocs venus des carrières avec une épaisseur un peu trop faible, et qu'il a dû aussi, à titre de compensation, se dispenser de ramener à leur hauteur normale tous ceux dont l'épaisseur était un peu trop forte.

C'est seulement ainsi qu'on peut comprendre pourquoi, en regard d'une hauteur normale de 5ᴾ. 1ᵒ 1/4, correspondant à 24 parties 1/2 du module, on trouve des assises dont la hauteur descend jusqu'à 5ᴾ. 0ᵒ 1/4, soit 24 parties environ, et d'autres assises dont la hauteur atteint et même quelquefois dépasse 5ᴾ. 2ᵒ 1/2, soit 25 parties ; de sorte que la tolérance admise par l'architecte pendant l'exécution de son œuvre a été, en réalité, d'une demi-partie du module, tantôt en plus et tantôt en moins, et même a dépassé quelquefois cette limite extrême, puisque la hauteur de la 6e assise s'élève jusqu'à 5P. 3o. 7scr.

Après cela, il est indispensable d'admettre de deux choses l'une :

Ou bien quelques onces en plus, dans la hauteur totale de la colonne, ont été considérées comme sans importance pour le résultat final, et alors on n'a pas pas pris la peine de rechercher, dans la pratique, une compensation exacte entre les hauteurs trop fortes et les hauteurs trop faibles ; de sorte qu'en fin de compte, la hauteur totale ne s'est pas trouvée rigoureusement égale à la hauteur théorique, mais a dépassé, au contraire, cette hauteur d'environ 11o, si les mesures de Piranèse sont exactes ;

Ou bien, cet excédant de hauteur a été ajouté, à dessein, pour achever de donner au monument considéré dans son ensemble une hauteur totale précisément égale à celle du déblai que l'on avait préalablement exécuté en cet endroit, suivant l'indication de l'inscription commémorative que l'on peut lire encore de nos jours sur le piédestal lui-même :

« *Ad declarandum quantæ altitudinis mons et locus* » *tantis operibus sit egestus.* »

Dans ce dernier cas, la quantité ainsi ajoutée doit être considérée comme un de ces tempéraments que Vitruve conseille, dans le second chapitre de son VIe livre, pour donner les moyens d'approprier plus aisément les édifices à leur véritable destination.

Mais, dans l'un comme dans l'autre cas, notre conclusion reste toujours la même et demeure diamétralement opposée aux assertions de M. Ampère. Nous la reproduisons donc en affirmant que la colonne Trajane n'a pas *tout juste* 100P. romains, qu'elle n'a jamais été *un gigantesque étalon métrique*, et qu'enfin ceux qui se sont servis de la hauteur réelle de cette colonne pour déterminer le mille romain ne peuvent pas se flatter d'avoir opéré *avec précision*, puisqu'ils ont, au contraire, donné au pied romain $\frac{11^o}{100}$, c'est-à-dire $2^{mm},716$ de trop, et, par conséquent, au mille, 550 onces, soit $45^P. 10^o$, soit enfin $13^m, 58$ en sus de sa longueur véritable.

En fait, la longueur du pied romain, telle qu'elle résulte, d'après nos recherches, des dimensions de la colonne Trajane, est égale à $296^{mm}, 3$ et la longueur du mille déduite de cette expression demeure en conséquence fixée à $1481^m,50$; tandis que, en opérant sur la hauteur réelle de la colonne, qui correspond, d'après les mesures de Piranèse, pour les 19 assises qui la composent, à.. $129^P. 3^d. 1/2 = 29^m,0389$
et pour la plinthe de la
base, à.......... $3^P. 10^d. 1/2 = 0^m,8703$

ce qui donne en totalité. $133^P. 2^d. = 29^m,9092$

on trouve $299^{mm},09$ pour la valeur du pied, supposé rigoureusement égal à la centième partie de cette hauteur totale ; et personne, dans l'état actuel de la science métrologique, ne voudra considérer sérieusement une pareille valeur comme susceptible d'être adoptée.

Qu'il nous soit permis cependant d'insister encore et d'ajouter ici une dernière observation plus concluante, s'il est possible, que toutes les autres.

Piranèse fait connaître, dans le même volume, les dimensions de la colonne Antonine à côté de celles de la colonne Trajane, et la hauteur totale qu'il assigne à la colonne Antonine est égale à 131^P. 11^d. 1/2 = 29^m,638.

L'exactitude de cette dernière cote n'est pas contestable; car La Condamine, qui a mesuré, lui aussi, avec le plus grand soin (1), les deux colonnes romaines, a trouvé, pour la hauteur de la colonne Antonine, 91 pieds 2 pouces 5 lignes du pied de Paris, soit, en unités métriques françaises, 29^m,626; de sorte que l'on remarque entre ces deux mesures, 29^m,638 et 29^m,626, dont la valeur théorique est évidemment égale à 100^P. = 29,^{m}630, un accord tel que la première excède la valeur théorique de 8 millimètres, tandis que la seconde reste inférieure à cette même valeur théorique de 4 millimètres seulement.

C'est donc la colonne Antonine qu'il faut considérer comme *tout juste* égale à 100^P., c'est donc elle qui présente, dans le sens de sa hauteur, l'exécution la plus parfaite, et ce serait elle seule qui pourrait être regardée comme ayant servi d'étalon métrique, s'il était permis d'attribuer, sans preuves, aux constructeurs de ces monuments, l'étrange pensée de placer un pareil étalon dans une position en quelque sorte inaccessible.

Quant à la colonne Trajane, puisque sa hauteur correspond, d'après les mesures de Piranèse, à 29^m,909, il est hors de doute que cette hauteur dépasse, d'une quantité sensible, la hauteur de la colonne Antonine, et par conséquent il est physiquement impossible de considérer l'assertion de M. Ampère comme conforme à la réalité. Sans doute il est

(1) Voyez le traité de l'*Art de Bâtir* de Rondelet, tome v, page 26.

exact de dire que la colonne Trajane et la colonne Antonine ont la même hauteur *théorique* (1) ; mais il est encore plus exact de soutenir qu'elles n'ont pas la même hauteur *réelle* ; que, par conséquent, l'une d'elles au moins n'a pas rigoureusement 100^p., et qu'enfin c'est la hauteur de la colonne Trajane qui s'écarte le plus, ainsi que nous venons de le constater, de cette hauteur théorique de 100^p.

Il reste pourtant encore à savoir si sa hauteur réelle a effectivement, comme les mesures de Piranèse nous ont conduit à le croire, 11 onces romaines antiques, soit 0^m,271 de plus que cette hauteur théorique de 100^p.

---

(1) L'égalité du module résulte forcément de cette égalité de hauteur, et, malgré cela, il importe de faire remarquer que ces deux colonnes diffèrent aussi complètement que possible l'une de l'autre. Cette différence provient surtout de ce que le module de la colonne Trajane coïncide, ainsi que nous l'avons déjà démontré, avec le rayon *inférieur* pris immédiatement au dessus de la base, tandis que, au contraire, le module de la colonne Antonine se trouve placée, *suivant la règle ordinaire* (1), sur le rayon *moyen* du fût de la colonne.

Les diamètres de la colonne Antonine ont, en effet, d'après les mesures de Piranèse :

Dans le haut :   15^p. 11^d =3^m,575, soit 12^p.   1° = 145° = 3^m,580
Et dans le bas :   17^p. 1^d = 3^m,837, soit 12^p. 11° = 155° = 3^m,827

Ce qui donne en total 33^p.   = 7^m,412, soit 25^p.   = 300° = 7^m,407
Et en moyenne   16^p. 6^d = 3^m,706, soit 12^p.   6° = 150° = 3^m,703

---

par conséquent, c'est bien, comme nous venons de le dire, le diamètre *moyen*, mesuré au milieu du fût, qui est égal à 12^p. 6°, ou en d'autres termes à 150°, ou bien encore au 8e de la hauteur totale, ou enfin à deux modules.

(1) Voyez le mémoire que nous avons publié, à ce sujet, sous le titre de : *Nouvelle théorie du module*, déduite du texte même de Vitruve, et application de cette théorie à quelques monuments de l'antiquité grecque et romaine. — Nîmes, 1862.

Or, à ce sujet, quelques doutes, il est nécessaire de l'avouer, peuvent subsister encore ; car, pour la colonne Trajane, les mesures de La Condamine ne s'accordent pas avec celles de Piranèse aussi exactement que pour la colonne Antonine.

La Condamine ne donne, en effet, à la colonne Trajane que 91 pieds 6 pouces 10 lignes de hauteur, soit 29^m,745 *en comptant cette hauteur jusqu'à l'arète supérieure du tailloir du chapiteau* (1) ; de sorte qu'avant de comparer à cette dernière mesure celle de Piranèse déjà fixée à.............. 133^p. 2^d.

jusqu'au plan inférieur de l'acrotère, il est nécessaire de retrancher l'inclinaison de la partie supérieure du tailloir égale à.................   1^d. 1/2

ce qui réduit finalement la longueur à comparer avec la mesure de La Condamine, à..................... 133^p. 0^d. 1/2

ou, en d'autres termes, et en mesures françaises, à.. .... 29^m,881.

On trouve donc, *pour représenter la même hauteur,* d'une part, d'après La Condamine, 91 pieds 6 pouces 10 lignes, soit....................... 29^m,745

Et de l'autre, d'après Piranèse, 133^p. 0^d. 1/2, soit........................ 29^m,881

ce qui semble indiquer, au premier abord, un écart de........................ 0^m,136

entre ces deux résultats.

Il importe de faire remarquer cependant que la

(1) Voyez l'*Art de bâtir* de Rondelet, tome 5, page 26,

mesure de La Condamine a été prise, s'il faut en croire Rondelet (1), *sans compter l'adoucissement qui est au dessus du piédestal*, tandis que la mesure de Piranèse correspond indubitablement à la hauteur totale de la colonne; de sorte que la difficulté consiste à savoir quel est cet *adoucissement* dont parle Rondelet.

S'il était permis d'admettre que ce savant architecte a voulu désigner ainsi le congé placé au dessus du piédestal et au bas de la plinthe, comme ce congé, qui a 7ᵃ 1/2 de rayon, a aussi 7ᵒ 1/2, ou en d'autres termes 0ᵐ,185 de hauteur, il en résulterait que la hauteur totale de la colonne égale, d'après Piranèse,
à.............................. 29ᵐ,881
devrait être portée, d'après La Condamine,
à 29ᵐ,745 + 0ᵐ,185, c'est-à-dire à..... 29ᵐ,920
et de cette façon, l'écart entre nos deux
mesures se trouvant réduit à.......... 0ᵐ,039
seulement, pourrait être admis sans beaucoup de peine.

Malheureusement, la hauteur totale de la colonne Trajane est donnée, dans le *Traité d'architecture* de M. Léonce Raynaud, comme égale à 29ᵐ,80 (2); et, quoique l'origine de cette nouvelle cote ne nous soit pas connue, son existence suffit néanmoins pour laisser subsister encore quelques doutes, en faisant voir une fois de plus combien il est difficile d'opérer avec précision, quand on cherche à déterminer les véritables dimensions d'un monument antique, puisque trois mesures relevées avec soin par des observateurs

(1) Voyez son *Traité de l'Art de bâtir*, tome 5, page 27.
(2) Voyez ce traité, 2ᵉ partie, page 326.

exercés ne présentent pas finalement entre elles l'accord qui pourrait seul les faire accepter avec confiance.

D'autres observations directes sembleraient donc
nécessaires pour permettre de décider, en dernière
analyse, de quel côté doit se trouver la vérité ; et, si
M. Léveil avait pris soin d'étendre jusque-là le travail
dont les indications nous ont déjà tant servi, malgré
leur inexactitude si souvent constatée, nous aurions
très-probablement les moyens de résoudre, d'une
manière définitive, la question qui nous occupe en ce
moment; mais les dessins de M. Léveil n'indiquent
nulle part la hauteur de la colonne Trajane, et, dans cet
état de la question, nous avons considéré comme à
peu près inutile d'entreprendre de nouvelles recherches ; car il importe peu, au fond, pour l'objet prin-
cipal de ce mémoire, que la hauteur réelle de la
colonne Trajane soit fixée à $29^m,92$, à $29^m,88$, à
$29^m,80$, ou même à $29^m,74$ seulement, puisque cette
hauteur, quel que soit le résultat que l'on préfère,
dépasse toujours d'une quantité sensible la hauteur
normale de $100^p. = 29^m,63$.

Si pourtant il était indispensable de se prononcer
sur ce point d'une manière plus précise, nous n'hési-
terions pas à dire que, dans notre opinion, la mesure
de Piranèse doit être considérée à juste titre comme
la plus digne de confiance, non seulement parce
qu'elle se trouve comprise entre les autres mesures
données, mais encore et surtout parce que ce cons-
ciencieux architecte, dont nous avons si souvent constaté la merveilleuse exactitude, ayant pris séparément la
hauteur de chacun des tambours de la colonne, a dû
nécessairement vérifier ce premier résultat en prenant
aussi une mesure directe de la hauteur totale.

CHAP. 4. — CONCORDANCE DES TEXTES ANCIENS AVEC LES RÉSULTATS DES MESURES MODERNES.

Malgré le développement que nous venons de donner à l'étude des dimensions de la colonne Trajane, ce travail pourrait sembler encore incomplet, si nous omettions de mentionner, en le terminant, les diverses mesures que les anciens auteurs rapportent, et surtout de les comparer à celles que les modernes nous ont déjà fait connaitre.

Publius Victor, que nous citerons le premier, s'exprime de la manière suivante :

« *Forum Trajani cum templo… et columna cochlide* » *quæ est alta pedes* CXXVIII. » (P. Victoris , *de Regionibus urbis Romæ liber*. Regio VIII.)

Cependant Eutrope, qui écrivait vers le IVe siècle, c'est-à-dire à peu près à la même époque que Publius Victor, donne, de son côté, une mesure complètement différente ; et, comme les divers manuscrits de son *Histoire romaine* ne portent pas tous les mêmes chiffres, la vérité nous oblige à reconnaître d'abord que le texte auquel M. Nisard a donné la préférence, dans sa collection des auteurs latins , n'est pas celui que nous considérons comme le plus authentique, quoique ce savant professeur l'ait emprunté sans doute à des éditions fort anciennes et fort estimées. Le voici tel que M. Nisard le rapporte :

« Ossa ejus (Trajani), collocata in urna aurea , in » suo foro quod ædificavit, sub columna, sita sunt , » *cujus altitudo* CXLIV *pedes habet.* » (Eutropii *Brevarium Historiæ romanæ* , lib. VIII.)

Mais d'autres éditions, non moins anciennes et non moins estimées, portent au contraire :

« *Cujus altitudo* CXL *pedes habet* » (1).

On peut citer, à l'appui de cette dernière version, le manuscrit du collége de Balliol, l'*Historia miscella* donnée par Gruter, l'édition de Jean-Baptiste Egnatius (Venise, 1520), celle de Schonhove (Bâle, Oporin, 1546) et quelques autres encore.

Ainsi, malgré l'autorité des savants qui ont préféré le chiffre CXLIV au chiffre CXL, le doute semble toujours permis. Et ce doute lui-même doit disparaître, à son tour, si l'on veut bien considérer, d'une part, que Cassiodore adopte aussi, dans les termes suivants, l'expression de 140 pieds : « Cujus columnæ altitudo in CXL pedes erigitur (*M. A. Cassiodori Chronicon*) ; et de l'autre, que Ciaconius l'indique, à son tour, comme appartenant à Eutrope, aussi bien qu'à Cassiodore, bien qu'il fixe, pour ce qui le concerne en particulier, la hauteur de la colonne Trajane à 128 pieds seulement, conformément à la mesure de Publius Victor.

« Longitudinem hujus columnæ, écrit-il dans sa description latine, licet CXL ped. Eutropius et Cas-
» siodorus prodant, Publius tamen Victor, aliam for-
» tasse mensuræ rationem sequutus, CXXVIII non
» excedere tradit ; quod et nunc etiam deprehensum
» est. » (*Interioris frontis columnæ descriptio*, § 4.)

Hâtons-nous néanmoins d'ajouter que l'explication proposée par ce dernier auteur, pour justifier la différence de 12 pieds que la mesure de P. Victor présente, quand on la compare à celle d'Eutrope et de

(1) CXLIV *pedes vetus liber : alii* CXL *pedes.* — *Vinet.*

Cassiodore, paraît complètement inadmissible en fait ;
car il faudrait concevoir une variation de plus d'une
once, dans les unités de mesure, pour expliquer, de
la sorte , cette différence totale de 12 pieds.

La cause réelle d'un pareil écart , entre les deux
mesures données, provient donc uniquement de ce
que ces mesures n'ont pas été prises , dans les deux
cas, entre les mêmes points.

Nous avons constaté , en effet, dans la discussion
qui précède :

En premier lieu , que les hauteurs réelles de la colonne Trajane , dans son état actuel , doivent être
exprimées, en pieds romains antiques, de la manière
suivante, savoir :

Hauteur de l'acrotère................ 9^P.10°

Hauteur de la colonne proprement dite.. 100^P.11°

Hauteur de l'assise placée entre la base de la colonne et la
corniche du piédestal....... 2^P.3° 1/2

Hauteur du piédestal proprement dit, égale à 2 modules
et demi................... 15^P. 7° 1/2

Hauteur totale de ce piédestal.. 17^P.11° — 17^P.11°
quand on n'y comprend pas la marche qui
encadrait autrefois la partie inférieure du
socle.

Hauteur totale du monument, depuis le
dessus de l'acrotère jusques et non compris
le soubassement, en forme de gradins, aujourd'hui complètement enfoui dans le sol. 128^P.8°

et en deuxième lieu, que cette hauteur totale de
128^P.8° dépasse la hauteur normale d'environ 11°.

Dès lors, il semble indispensable d'admettre que P. Victor et Ciaconius, qui fixent, comme on l'a déjà vu, la hauteur totale de la colonne Trajane à 128ᴾ, ont dû mesurer cette hauteur entre les mêmes points que nous, mais qu'ils n'ont voulu donner leur mesure qu'en nombres ronds de pieds, et qu'ils ont été conduits à ne lui assigner ainsi que 128 pieds; ce qui n'empêche pas leur résultat final d'être, on peut le dire, parfaitement conforme au nôtre.

Et à l'égard de la mesure qu'Eutrope et Cassiodore préfèrent, puisqu'elle doit être fixée, suivant ces auteurs, à 140 pieds, il faut nécessairement en conclure, ainsi que nous l'avons déjà fait remarquer, qu'elle ne peut pas avoir été prise entre les mêmes points que la précédente.

Piranèse nous apprend, en effet, qu'une fouille, exécutée sous le pontificat de Sixte-Quint, a permis de reconnaître que le soubassement, en forme de gradins, qui entourait autrefois le piédestal de la colonne, était composé de 9 marches; et nous savons, d'autre part, que la marche supérieure de ce soubassement n'avait qu'une hauteur de 8ᵒ; ce qui revient à dire que la hauteur totale de cette partie accessoire de la construction devait être de 72ᵒ (8ᵒ $\times$ 9) ou, en d'autres termes, *de 6 pieds;* d'où il faut conclure, en dernier lieu, que la hauteur effectivement comprise entre le sol antique et le dessus de l'acrotère doit être portée, si nos appréciations sont exactes, à 128ᴾ. 8ᵒ plus 6ᴾ, c'est-à-dire à 134ᴾ. 8ᵒ seulement, au lieu de 140 .

Mais alors, de deux choses l'une, ou bien la mesure d'Eutrope et de Cassiodore a été prise, comme la nôtre, en partant du haut des marches du soubasse-

ment, et, dans ce cas, son extrémité supérieure s'é-
lève de 140^P moins 128^P. 8°, c'est-à-dire de 11^P. 4°,
au dessus de l'acrotère, ou bien elle a été prise à
partir du sol antique, et, dans ce deuxième cas, elle
s'élève de 140^P moins 134^P. 8°, ou, en d'autres termes, de 5^P. 4° seulement au dessus du même point.

Dans le premier cas, la hauteur de 11^P. 4° comprend nécessairement la statue ; dans le deuxième,
au contraire, la hauteur de 5^P. 4° est trop faible pour
pouvoir la comprendre, et la difficulté se réduit à
savoir quelle est la plus vraisemblable de ces deux
hypothèses.

Or, dans cet état de la question, si l'on n'a pas
oublié qu'Eutrope dit en termes formels : « Sub *columna* cujus altitudo centum quadraginta pedes
habet » ; et que Cassiodore ajoute, de son côté : « Cujus
columnæ altitudo in CXL pedes erigitur », il semble
bien certain qu'on ne doit pas hésiter à admettre,
avec nous, que ces auteurs ont voulu parler UNIQUE-
MENT *de cette colonne elle-même*, sans y comprendre
la statue qu'elle supportait, et que par conséquent
notre seconde hypothèse doit être considérée comme
seule admissible.

D'ailleurs il est facile de voir, qu'en premier lieu,
il existait autrefois, dans la partie supérieure du
monument, entre la statue et l'acrotère, un bloc de
marbre, aujourd'hui complètement perdu, parce qu'il
a été nécessairement renversé, en même temps que
cette statue qui se trouvait scellée dans son épaisseur ;
et, qu'en second lieu, ce bloc devait mesurer *plus de*
5^P. dans sa hauteur totale, puisque, d'un côté, les
hauteurs de toutes les autres assises de la colonne
varient, ainsi qu'on l'a déjà constaté, entre 5$_P$. 1° et

5^P. 3° , et puisque, de l'autre , le soubassement, dont la hauteur totale est de 6^P, empiétant, comme on le sait, sur le socle du piédestal de toute la hauteur de sa neuvième marche , ne présente lui-même que 6^P. moins 8° , c'est-à-dire 5^P. 4°, de hauteur effective.

Dès lors n'est-on pas autorisé à croire que le bloc, dont nous venons de parler, devait avoir aussi une hauteur à peu près semblable à celles des autres assises, et que par conséquent la hauteur *totale*, comptée entre le sol antique et le sommet du monument *considéré dans son ensemble*, c'est-à-dire en ajoutant à la hauteur actuelle : dans le bas, le soubassement antique, et dans le haut, le support de la statue, devait se trouver précisément égale à 140^P, comme Eutrope et Cassiodore le déclarent.

Nous croyons, d'après cela, que si l'on voulait rétablir, dans son état primitif, le monument tout entier, il conviendrait de compter :

1° *Dans la partie inférieure :*

Pour les 9 marches du soubassement, d'après l'évaluation déjà-proposée..............   6^P.

Et pour le piédestal , d'après les mesures de Piranèse........................ 17^P.11°

Ensemble....... 23^P.11°

Ou plus exactement sans doute... 24^P.

2° *Dans la partie intermédiaire :*

Pour la hauteur totale de la colonne, d'après les mesures de Piranèse, 100^P. 11° ou mieux encore.................... 101^P.

A reporter.... 125^P.

$$Report\ldots\ 125^{\text{P}}.$$

Et 3⁰ dans la partie supérieure :

Pour la hauteur actuelle de l'a-
crotère...................... 9ᴾ.10⁰

Et pour celle de l'ancien support
de la statue, aujourd'hui tout à
fait perdu.................... 5ᴾ. 2⁰

$$\text{Ensemble}\ldots\ldots 15^{\text{P}}\ \text{ci.}\ldots 15^{\text{P}}.$$

Et en total, comme nous venons
de le voir.................... 140ᴾ.

De telle sorte, pour le faire remarquer en passant,
que la hauteur totale de la construction se trouve
rigoureusement égale à 12 fois le diamètre *moyen* de
la colonne, qui a été précédemment fixé à $\frac{150^{\circ} + 130^{\circ}}{2}$
c'est-à-dire à 140⁰.

Ainsi, de même que nous avons déjà constaté, en
étudiant les dimensions du Parthénon, que la hauteur
du chapiteau des colonnes de ce temple est égale à
la seizième partie, ou pour parler plus exactement,
au Dactyle d'une grande unité *grecque* correspondant
à la hauteur totale de l'ordre, de même nous trouvons ici que la hauteur du monument considéré dans
son ensemble représente, à son tour, une grande
unité *romaine* dont le rayon *moyen* de la colonne
forme la douzième partie, c'est-à-dire l'*once*.

On établit, en admettant l'exactitude de ces appréciations, un accord tellement parfait entre les textes
anciens et les mesures modernes qu'il semble désormais bien prouvé que c'est là seulement que la
vérité peut être; aussi ne craignons-nous pas, en
ajoutant ces derniers résultats à ceux qui ont été pré-

cédemment signalés dans ce mémoire , de les considérer, les uns aussi bien que les autres , non seulement comme concourant à dissiper quelques doutes ,
mais aussi comme capables de détruire enfin toutes
les erreurs trop généralement accréditées jusqu'ici au
sujet de la colonne Trajane, « cujus altitudo *centum
quadraginta* pedes habet », (Eutropii *Breviarium Historiæ
romanæ* , lib. viii.) « ad declarandum quantæ altitudinis
mons et locus tantis operibus sit egestus » , conformément à l'indication de l'inscription gravée sur le piédestal de la colonne elle-même.

Table des chapitres.

ERRATA

Page 25, à la 3e ligne de la 1re colonne du tableau, lisez 3^v
au lieu de....................................... 2^p.

Page 33, en note à la 4e ligne en remontant,
lisez : fractionnement au lieu de *ractionnement*.

Page 46, ligne 12, lisez........................... 3^p. 4^e
au lieu de....................................... 3^r. 2^e

Légende des planches.

PREMIÈRE FEUILLE. — Elévation et plans de la colonne Trajane.

DEUXIÈME FEUILLE. — Elévation du chapiteau de la colonne et du socle de l'acrotère.

TROISIÈME FEUILLE. — Coupes de la corniche et du socle du piédestal ; détails relatifs aux chambranles et à l'encadrement des petites fenêtres.

NOTA. — Ces deux dernières feuilles ne se trouvent pas dans les *Mémoires de l'Académie du Gard* et ont été tirées en vue seulement de la publication actuelle.

Nimes — Typ. Clavel-Ballivet et Cⁱᵉ, rue Pradier, 14.

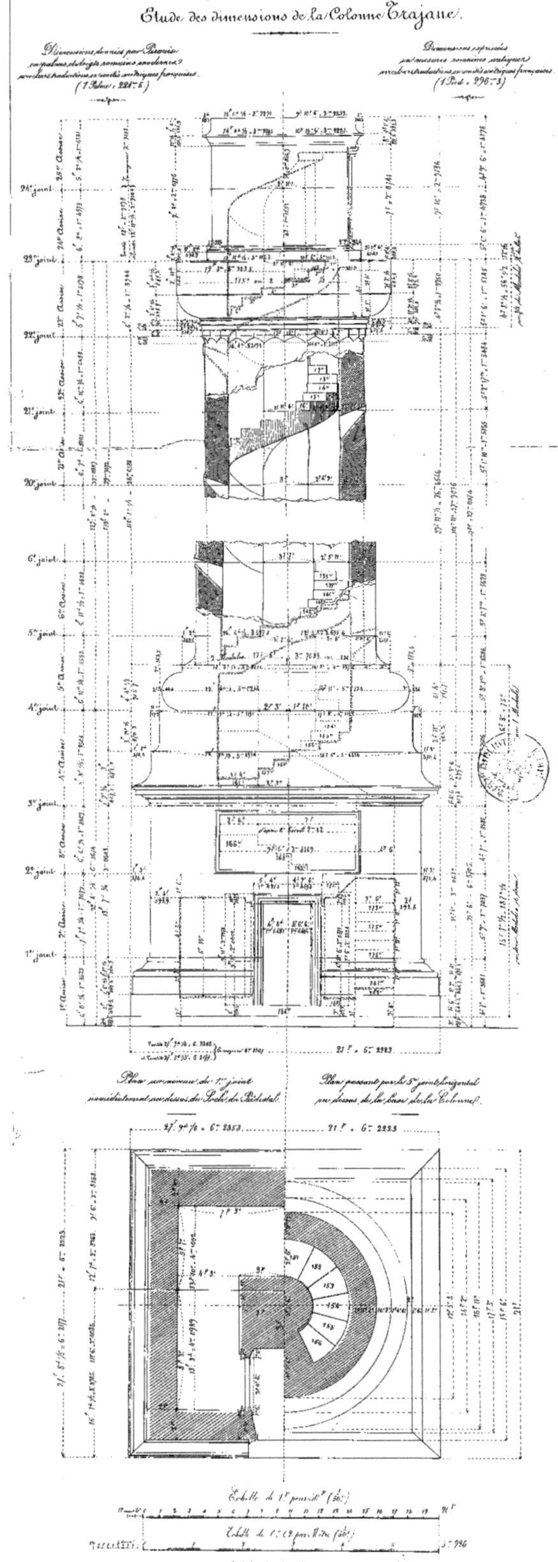

Etude des dimensions de la Colonne Trajane.
Dimensions données par Piranèse
Dimensions exprimées
(1 Palme : 221m.6)
(1 Pied : 296m.3)
Plan immédiatement au 1er joint immédiatement au dessus du Socle du Piédestal.
Plan passant par le 5e joint horizontal au dessus de la Base de la Colonne.
Echelle de 1m pour 1m (50m.)
Echelle de 1m.0,9 par Mètre (50m.)

Table des dimensions de la Colonne Trajane.
Élévation du Chapiteau de la colonne et du socle de l'Acrotère.
Coupe de la Corniche de l'Acrotère.
Coupe de la Corniche de l'Acrotère.

Étude des dimensions de la Colonne Trajane.

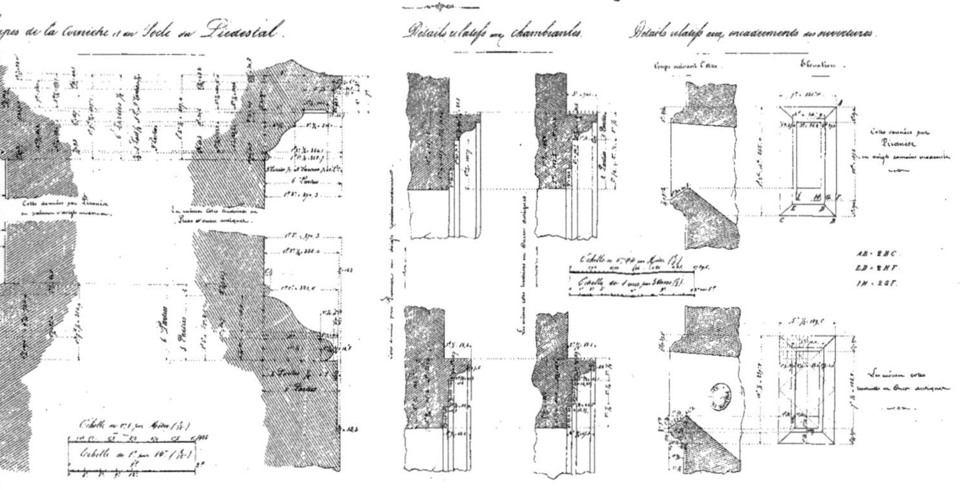
Coupes de la Corniche et du Socle du Piédestal.
Détails relatifs aux chambranles.
Détails relatifs aux encadrements des ouvertures.
Coupe suivant l'axe.
Élévation.
Cotes données par Piranèse
AB = 2 HC.
ED = 2 HF.
IH = 2 GT.

MÉMOIRES DÉJA PUBLIÉS PAR L'AUTEUR :

Détermination de la courbe extérieure de l'Amphithéâtre de
Nimes.

(Extrait des *Mémoires de l'Académie du Gard*, 1858-59, pag. 281.)

Etude et comparaison de quelques chapiteaux antiques au
double point de vue de l'architecture et de l'archéologie.

(Extrait des *Mémoires de la même Académie*, 1860, pag. 179.)

Détermination de l'unité métrique linéaire en usage à Car-
thage avant l'époque de la conquête romaine.

(Extrait des *Mémoires de la Société archéologique de Montpellier*,
1861, 29ᵉ livraison, pag. 97.)

Nouvelle théorie du module, déduite du texte même de
Vitruve, et application de cette théorie à quelques monuments de l'antiquité grecque et romaine.

(Nimes, Clavel–Ballivet et Cᵉ, 1862, in-4º.)

www.ingramcontent.com/pod-product-compliance
Ingram Content Group UK Ltd.
Pitfield, Milton Keynes, MK11 3LW, UK
UKHW020330130726
13696UKWH00003B/1269